Organizing Against Capitalism
Remembering Rosa Luxemburg

Edited by
Ravi Kumar

AAKAR

Organizing Against Capitalism: Remembering Rosa Luxemburg
Edited by Ravi Kumar

First Published 2020

ISBN 978-93-5002-647-2

Sponsord by the Rosa Luxemburg Stiftung e.v. with funds of the Federal Ministry for Economic Cooperation and Development of the Fedral Republic of Germany.

Published by
AAKAR BOOKS
28 E Pocket IV, Mayur Vihar Phase I
Delhi 110 091 India
aakarbooks@gmail.com

Laser Typeset at
Arpit Printographers, Delhi

Printed at
Sapra Brothers, Noida

Contents

Acknowledgements

This volume emerges out of a conference organized at Patna University by the Department of Sociology, South Asian University and the Kedar Das Institute of Labour and Social Studies. The conference was supported by the Rosa Luxemburg Stiftung, South Asia Office. The chapters in this volume include some of the chapters presented at the conference. We are grateful for the prompt response from the contributors, who not only submitted their chapters on time but also revised them after the conference. Thanks are due to Stefan Mentschel and Pragya Khanna from RLS for supporting us in organizing the conference. This conference could not have been possible without the collaboration of the Kedar Das Institute of Labour and Social Studies, Patna. Ragini and Deepti made this conference possible with their untiring work towards its organization. This whole exercise would have been impossible without the support from the administrative officials of the South Asian University, especially Dean, Faculty of Social Sciences, Sanjay Chaturvedi and Director (Finance) Keshav Datt. Finally, thanks to Rama, Umesh and Venkat for agreeing to chair the sessions of the conference.

Ravi Kumar

1

Introduction
Organizing Against Capitalism: Remembering Rosa Luxemburg Today[1]

Ravi Kumar

> *In popular revolutions it is not the party committee under the all powerful and brilliant leader or the little circle calling itself a fighting organization which counts, but only the broad masses shedding their blood. The "socialists" may imagine that the masses of the working people must be trained under their orders for the armed struggles, but, in reality, in every revolution it is the masses themselves who find the means of struggle best suited to the given conditions.*
>
> —Rosa Luxemburg

> *The working-class can always look truth in the face even when this means bitterest self-accusation; for its weakness was but an error and the inexorable laws of history give it strength and assure its final victory. This unsparing self-criticism is not only a fundamental necessity, but the highest duty of the working-class as well. We have on board the highest treasure of humanity, and the proletariat is their ordained protector. While capitalist society, shamed and dishonoured, rushes through the bloody orgy to its doom, the international proletariat will gather the golden treasures that were allowed to sink to the bottom in the wild whirlpool of the world war in the moment of confusion and weakness.*
>
> —Rosa Luxemburg

There is enough that is being written on the contemporary politics globally—ranging from the somersault of the Syriza kind of 'left' politics in Greece, rise of Trump in USA, Erdogam's authoritarianism in Turkey, growing popularity of the far-right across Europe, interesting forms of right-wing populism in India to virtual one party 'democracy' in Bangladesh. While these developments have been widely debated, there have been periodic emergence of different kinds of 'hope' in the parliamentary politics with the likes of Jeremy Corbyn, Bernie Sanders or *Podemos* or more close at home with the Aam Admi Party in India. It is difficult to gauge the potential of these 'hopes' in subverting the fundamental character of capitalism that breeds on exploitation and accumulation. Their language appears radical in times when the neoliberal capitalism has blown apart all semblances of welfarism across the globe. Hence, even restoring some of those 'lost' welfarist measures appear radical, even transgressive, and generate hope for a better future for working people. However, these voices of 'hope' encounter multifarious obstacles at all moments owing to the way the capital has swarmed over each and every aspect of our lives. One of the most interesting exemplars of how capital colonizes our lives completely can be seen in our use of the social media. While we use it to generate a counter-narrative the very act of doing this results in accumulation itself as our every click, 'like', every visit to a website and every comment at a post adds to the coffers of the capital. The 'rebellion' itself is then commodified.

Hence, if the presence of capital is so enormous that it has tailor-made our common sense, our view of the world in sync with its own parameters then how does one build a counter-narrative against it? While the Right across the globe rides 'high' on the idea of nation and religion, creating a 'mass', the Left tries to outdo them in their game. Rather than competing with the Right on the question of nation making sense of the national question in a world, which is globalized, where capital moves freely and grounds itself at places appropriate to its sustenance and expansion will be a more productive exercise for the working class question. In the same way thinking about a politics away from the turf provided by capital is essentially absent or imperceptible on a range of issues—from education, health, labour laws to basic questions of wage and living conditions. There is a serious need for introspection into the past and present of the politics that the formations claiming to represent interests of the working class engage in. One of the most vital questions of our times must be about exploring the reasons behind the right-wing shift of masses in an age when the unemployment, pauperization and marginalization has been on the rise. These are the times when clear, brutal attacks on religious minorities, educational institutions and any voice of dissent has been unprecedented in the post-independent Indian history. These are also the times which provide an opportunity to understand the nature of the state and its relationship with institutions which were shown as 'impartial' and 'autonomous' by the bourgeois politics.

The Left is in decline (or has declined) in South Asia, not merely from its representation in the parliament but even in terms of its organizational capability. The reasons behind this decline involve a two-fold question: firstly, how we understand the workings of capital today and how these workings get reflected in the politics of counter-narrative. In other words, the politics on the ground—the strategies and tactics—of the anti-systemic mobilizations and movements need to have a clear understanding of where capitalism in India stands today. Although there are regional variations, but these variations are of *form* and not so much of *content*, which serves the interests of capital. Secondly, there is an increasing and immediate need to introspect into the organizational nature of the political Left itself.

Given the political context, Rosa Luxemburg becomes ever more important, and her writing may provide some alternatives to our ever-intensifying and limiting cognitive immersion into capitalist logic. Rosa Luxemburg, who was assassinated a hundred years ago, produced two major works, namely *The Accumulation of Capital* and *Reform or*

Revolution, which were very significant contributions to the understanding of how capitalism works and how the anti-systemic politics need to work. In her works she raised a fundamental question pertaining to Marx's explanation of how enlarged reproduction happens in capitalism and asked "who is to benefit in the end by enlarged reproduction". For her Volume II of *Capital* says "that capitalist production would itself realize its entire surplus value, and that it would use the capitalized surplus value exclusively for its own needs".[2] She says that this becomes clear when Marx "...attempts to reduce the circulation within the diagram altogether to terms of money, that is to say to the effective demand of capitalists and workers...". For her it is unclear in Marx's *Capital* that "who are the new consumers for whose sake production is ever more enlarged"[3]. She is uncomfortable with the way "Marx consistently and deliberately assumes the universal and exclusive domination of the capitalist mode of production as a theoretical premise of his analysis in all three volumes of *Capital.* Under these conditions, there can admittedly be no other classes of society than capitalists and workers..."[4]. The reason for this discomfort is that she does not agree with the formulation that it is the workers and capitalists who would consume all that is produced. Hence, she comes up with the formulation that the capitalist nations need to colonize the non-capitalist economies to ensure that the produced goods find new consumers and thus the capitalists do not end up in a crisis. She makes it clear when she says that "the decisive fact is that the surplus value cannot be realized by sale either to workers or to capitalists, but only if it is sold to such social organizations or strata whose own mode of production is not capitalistic."[5]

Rosa Luxemburg provides two cases for the above formulation. Firstly, "capitalist production supplies consumer goods over and above its own requirements, the demand of its workers and capitalists, which are bought by non-capitalist strata and countries"[6]. For instance, the English cotton industry supplied to the European capitalist market as well as the non-capitalist strata of India. Secondly, "...capitalist production supplies means of production in excess of its own demand and finds buyers in non-capitalist countries"[7]. This could be found in the way England supplied raw materials for construction of railways and Germany supplied chemicals such as dye in the non-capitalist countries.

She further explains that the expansion of capital happens as profits came from profits earned on capital invested in the non-capitalist territories. This profit was augmented by acquisition of the land and other natural resources. And then there was cheap labour coming from the disposed from peasantry, etc., to work on those resources. The higher rate of exploitation of labour in the colonies further augmented profiteering. Because of the available natural resources the investment in equipment produced higher profit in the colonies than it would have done in Britain. This capital fed into the old industries and rescued them from problems that arose due to loss of demand[8].

Rosa Luxemburg not only brings to us a debate about the relationship between the 'capitalist' and 'non-capitalist' economies but also compels us to think about the dynamics of capitalism and how accumulation of capital can take place in order to ensure its survival and expansion. One may not agree with her distinction of the capitalist and non-capitalist economies as the latter becomes an integral part of the former, which does begin a process of 'capitalizing' the latter. However, the necessity is to revive this debate in the context of examining whether the bourgeoisie in the erstwhile colonies such as India expand their net of accumulation through investments in countries of Africa and many other Asian economies. She shows how the process of capital accumulation has "the chronic tendency to produce crises of over-accumulation. Capitalism needs to continually open up new territories for investment to solve this problem"[9]. Using her arguments about the role of cheap labour, use of technology (equipment) and natural resources in capital accumulation one can make an effort to understand the process of accumulation today. The necessity to analyse processes of accumulation also emerges because one needs to explore questions related to what keeps the working class subservient today to the rule of capital denying itself a powerful mobilization against the precaricization, immizeration or worsening living conditions. Does it have something to do with the enormity of insecurity that is generated by the free movement of capital, which travels globally to distant regions where states can be coerced easily to repress labour? Or does it have something to do with the way technology and diverse other apparatuses ideologically create a consensus about the society while hiding the actual realities of exploitation? Engaging with Rosa Luxemburg's works might offer possibilities to look at the changing processes of accumulation, changing notion of workplace/work and so on in contemporary times and, therefore, to also understand the complete absence of anti-systemic mobilizations in such critical times.

The necessity to dwell upon the absence of anti-systemic mobilizations also takes us into the world of how movements/parties/mobilizations have functioned. In this part of the world, the anti-systemic or more concretely left movements have slid down into a dismal situation where they have virtually disappeared not only from the street but they have lost all edge in the parliamentary battlefield as well. Masses have largely rejected them in recent times and this provides us an opportunity to understand whether it has to do with their politics that has not been much different from the liberal bourgeois political forces on pertinent questions of wage, nation, notions of welfare, question of privatization, basic aspects of health or education, etc. Linking what Luxemburg writes about the role of education for the working class to our contemporary moment one can ask whether the anti-systemic politics in India ever thought of education outside the imagination or blueprint prepared by the bourgeoisie at different phases of its development.[10]

Another significant issue within the anti-capitalist politics has been that of the organization, in terms of how to shape the organizational aspects of anti-capitalist politics to ensure that the relationship between the organization and the masses as well as the constituents within the organization strengthens the politics. Rosa Luxemburg while dealing with the relationship between the masses and the politics against capital questions the hierarchization within the party at different levels. Rosa Luxemburg while responding to Bernstein wrote that

> It is, therefore, in the interest of the proletarian mass of the Party to become acquainted, actively and in detail, with the present theoretical controversy with opportunism. As long as theoretical knowledge remains the privilege of a handful of "intellectuals" in the Party, it will face the danger of going astray. Only when the great mass of workers take in their own hands the keen and dependable weapons of scientific socialism will all the petty-bourgeois inclinations, all the opportunist currents, come to naught.[11]

She is concerned about the way the organization/party is institutionalized with assumptions that certain people know/understand the working class politics while the others do not. In fact, she argues that the whole distinction between the 'intellectuals' and 'non-intellectuals' within the party needs to be done away with. She, hence, writes

> No coarser insult, no baser defamation, can be thrown against the workers than the remark "Theoretical controversies are only for intellectuals". Lassalle once said: "Only when science and the workers, these opposed poles of society, become one will they crush in their arms of steel all obstacles to culture." The entire strength of the modern labour movement rests on theoretical knowledge.[12]

The assumption that the theoretical knowledge and the workers are diametrically disjunct and therefore need intermediary 'intellectuals' to bring them together is a false proposition for Rosa Luxemburg. The assumption that the common people (or workers), as some intellctuals have argued recently in the context of why we need universities, forget that the creation of the two constituencies of intellectuals and the 'people' as superior and inferior has created an environment wherein people do not get worried when universities are attacked. In other words, the politics becomes weakened and the link of equal stake in an anti-capitalist politics gets destroyed. In the organizational context, Rosa argued that such an attitude leads to degeneration of the organization, which becomes a hurdle for the revolutionary politics.

On a hundred years of her martyrdom, remembering Rosa's works in the contemporary context would then only facilitate us to understand the workings and the politics of capital as well as the labour located within that. This volume is not about simply revisiting her works as a sterile professional academic exercise within ivory towers of knowledge production centres, devoid of a manifest relation with the politics outside in the streets. It aims at looking at the contemporary theory and politics through recalling the debates that Rosa was part of within the context of an anti-capitalist movement. It asks questions such as: can remembering Rosa Luxemburg also provide us a way to understand the nature of bourgeois politics as well as the anti-capitalist politics? Given the way movements are weakening, the classical forms of unionization seems to be waning, the organizational aspect of the Left has come under question on account of different factors and the impending need to engage with capital accumulation and the organizational question while keeping in mind the aspects that have been raised above. Rosa Luxemburg provided us sufficient intellectual insight, which needs to be revisited in our times to understand the nature of current politics. How would one conceptualize the nation today, when it has become ever more central to politics? How to imagine the nature of organization vis-à-vis the relationship of the party and the masses? These are some and many more questions that arise while looking at the works of Rosa Luxemburg in context of capitals accumulation and organizational question and this volume is an effort to answer some of these questions. It includes a range of contributors, and not simply 'professional' intellectuals. All contributors have a connect with the everyday struggle against the rule of capital and that brings fresh insight on the debates around Rosa Luxemburg.

NOTES

1. Thanks to Rama Paul and Ragini Pant for comments on this introduction.
2. Luxemburg, Rosa, (2003). *The Accumulation of Capital*, Routledge: London, p. 309. This is abbreviated after this as *AC*.
3. *AC*, pp. 310-11. In fact she says that it is like "the coal industry is expanded in order to expand the iron industry in order to expand the machine industry in order to expand the production of consumer goods. This last, in turn, is expanded to maintain both its own workers and the growing army of coal, iron and machine operatives. And so on *ad infinitum*" (*AC*, p. 311).
4. *AC*, p. 328.
5. Ibid., p. 332.
6. Ibid.
7. Ibid.
8. This becomes clear when Luxemburg explains that: "It is an illusion to hope that capitalism will ever be content with the means of production which it can acquire by way of commodity exchange. In this respect already, capital is faced with difficulties because vast tracts of the globe's surface are in the possession of social organisations that have no desire for commodity exchange or cannot, because of the entire social structure and the forms of ownership, offer for sale the productive forces in which capital is primarily interested. The most important of these productive forces is of course the land, its hidden mineral treasure, and its meadows, woods and water, and further the flocks of the primitive shepherd tribes. If capital were here to rely on the process of slow internal disintegration, it might take centuries. To wait patiently until the most important means of production could be alienated by trading in consequence of this process were tantamount to renouncing the productive forces of those territories altogether. Hence derives the vital necessity for capitalism in its relations with colonial countries to appropriate the most important means of production. Since the primitive

associations of the natives are the strongest protection for their social organisations and for their material bases of existence, capital must begin by planning for the systematic destruction and annihilation of all the non-capitalist social units which obstruct its development. With that we have passed beyond the stage of primitive accumulation; this process is still going on. Each new colonial expansion is accompanied, as a matter of course, by a relentless battle of capital against the social and economic ties of the natives, who are also forcibly robbed of their means of production and labour power" (*AC*, p. 350).

9. Chappe, Raphaele (2016). 'New Perspectives on Neoliberal Finance', in Ehmsen, Stefanie and Scharenberg, Albert (eds.) *Rosa Remix*, Rosa Luxemburg Stiftung: New York, p. 82.
10. She writes: "The social, historical, philosophical, and natural sciences, are today the ideological products of the bourgeoisie and expressions of its needs and class tendencies. But on a certain level of Its development the working class recognizes that for it also "knowledge is, power" not in the tasteless sense of bourgeois individualism and its preachings of "industriousness and diligence" as a means of achieving "happiness," but in the sense of knowledge as a lever of class struggle, as the revolutionary consciousness of the working masses". ("The National Question and Autonomy," https://www.marxists.org/archive/luxemburg/1909/national-question/ch05.htm)
11. Luxemburg, Rosa (2005). *Rosa Luxemburg Reader*, Hudis, Peter and Anderson, Kevin B. (eds.), Cornerstone Publications: Kharagpur, p. 130.
12. Ibid.

2

दुनिया में जहाँ कहीं भी, बादल, चिड़िया और लोगों के आँसू हों मुझे घर जैसा लगता है—रोजा लक्जमबर्ग

अनीष अंकुर

15 जनवरी, 1919 को एबर्ट के नेतृत्व वाली एस.पी.डी. सरकार की रिएक्शनरी "फ्रीकॉरप्स" (सेना से आए हुए लोगों द्वारा गठित अर्द्ध सैन्य टुकड़ी) ने रोजा लक्जमबर्ग और कार्ल लीब्नेख्त को बर्लिन के मध्यमवर्गीय इलाके के एक अपार्टमेंट से रात 9 बजे गिरफ्तार कर लिया। जनवरी के क्रांतिकारी उभार को दबाने के लिए 'फ्रीकॉरप्स' बेसब्री से इन दोनों की तलाश पिछले कई दिनों से कर रहा था। आधी रात के लगभग कार्ल लीब्नेख्त की हत्या कर दी गई। तत्पश्चात रोजा को राइफल के बट से पीछे मारा गया और फिर सिर में गोली मारकर बर्लिन की नहर में फेंक दिया गया जिसका पता मई में ही चल पाया। नहर से उनके कंकाल मिले। समाजवादी आंदोलन की इस करिश्माई शख्सीयत की हत्या ने सबको स्तब्ध कर दिया था।

2019 रोजा लक्जमबर्ग की शहादत का शताब्दी वर्ष है। आज से लगभग 100 साल पहले जर्मनी की एक जेल से उछाला गया नारा 'समाजवाद या बर्बरता' विश्व मानवता के किसी भी वक्त के मुकाबले सबसे आवश्यक नारा प्रतीत होता। दुनिया क्या बर्बरता की ओर बढ़ेगी? या फिर समाज का क्रांतिकारी पुनर्गठन होगा और समाजवाद की स्थापना होगी। इन सौ सालों में रोजा लक्जमबर्ग के विचारों को काफी तोड़ा-मरोड़ा भी गया। आज आवश्यक है कि उनके व्यक्तित्व व विचारों का वस्तुपरक मूल्यांकन हो।

प्रारंभिक जीवन

रोजा लक्जमबर्ग का जन्म पोलैंड के एक छोटे गाँव के 1871 में एक निम्न मध्यवर्गीय परिवार में हुआ था। पोलैंड तब विशाल रूसी साम्राज्य के अंतर्गत आता

था। रोजा लक्जमबर्ग ने अर्थशास्त्र में पी.एच.डी. किया था। जब वो 14 वर्ष की थी तब पोलैंड के चार समाजवादियों को फाँसी पर लटका दिया गया था। 15 वर्ष की उम्र में रोजा ने देखा कि किस प्रकार मारिया बहोविच और रोजालिया फोसेनहाट नामक दो महिला क्रांतिकारियों को 'प्रोलेतारियत समिति' में शामिल होने के कारण राजद्रोह के आरोप लगाकर साइबेरिया भेज दिया गया। इन दोनों की रास्ते में ही मौत हो गई। इस घटना ने उसे रैडिकलाइज करने, उनके राजनैतिकीकरण में उत्प्रेरक की भूमिका अदा की।

रोजा ने बहुत कम उम्र में मार्क्स की रचनाओं का अध्ययन करना शुरू कर दिया था। कम्युनिज्म के दर्शन व आदर्शों की रोजा कायल हो गई थी। 18 वर्ष की उम्र में वो पोलैंड के भूमिगत क्रांतिकारी आंदोलन में सक्रिय हो चुकी थी। लेकिन पोलैंड छोड़ने पर मजबूर होना पड़ा, क्योंकि उन पर नजर रखी जाने लगी थी। 19 साल की जब वो हुई, पोलैंड से एक बैलगाड़ी में छुपकर, ये बहाना बनाते हुए भागना पड़ा कि वो एक यहूदी महिला है जो एक कैथोलिक से विवाह करना चाहती है। पादरी ने उसकी मदद की और पालैंड से भाग गई।

पुलिस द्वारा आरोपी बना दिए जाने के कारण रोजा यूरोप के सबसे लिबरल देश माने जाने वाले, स्विटजरलैंड चली गई। यहाँ दुनिया-भर के मजदूर आंदोलन के भागे हुए प्रवासी नेता इकट्ठा थे। इन्हीं प्रवासियों के बीच उसकी भेंट एक ऐसे युवक से हुई जिसका उसके जीवन के साथ लंबा व गहरा साथ रहा। वो था लियो जॉगीचेज। लियो जॉगीचेज भी एक प्रवासी था। लियो, उम्र में रोजा से थोड़ा बड़ा था। उसे भी जार के रूस में ढूँढ़ा जा रहा था। रोजा की तरह ही लियो बुद्धिजीवी तो था ही, उसमें संगठक के भी गुण थे। बाद में दोनों में काफी अंतरंगता बढ़ गई थी।

मात्र 22 साल की उम्र में 1893 में वो पोलिस पार्टी की ओर से द्वितीय इंटरनेशनल के लिए चुन ली गई।

रोजा लक्जमबर्ग और राष्ट्रीय प्रश्न

जारशाही के समय रूस के खिलाफ सक्रिय किसी भी क्रांतिकारी को सार्वजनिक चौराहों पर फाँसी दी जाती थी। वहाँ कोई भी प्रतिरोध स्वीकार नहीं था। उसी समय पोलैंड में रूस के खिलाफ राष्ट्रवादी आंदोलन शुरू हो चुका था लेकिन रोजा लक्जमबर्ग ने कभी भी पोलिश राष्ट्रवाद का समर्थन नहीं किया।

1895 और 1897 के दरम्यान लिखे गए अपने श्रृंखलाबद्ध लेखों में रोजा का कहना था "राष्ट्रीय व समाजवादी आकांक्षायें दोनों एक-दूसरे के साथ कतई भी मेल नहीं खाती हैं। जो समाजवादी पार्टियाँ राष्ट्रीय आत्मनिर्णय के अधिकार के लिए प्रतिबद्ध हैं वो दरअसल इन पार्टियों को बुर्जुआ राष्ट्रवाद के विरोधी के बजाय

उन्हें उसका मातहत बना डालती हैं। राष्ट्रीय आत्मनिर्णय का विचार अंततः उन्हें अवसरवाद के दलदल में धकेलकर वर्गशत्रु के रथ से बाँध देती है।"[1]

क्या एक मार्क्सवादी के लिए ये संभव है कि वो 'देशभक्ति' की चेतना का 'वर्ग' से स्थानांतरित कर दे? रोजा लक्जमबर्ग एक मार्क्सवादी की तरह 'वर्ग' को प्राथमिक सामाजिक संदर्भ-बिंदु माना करती थी। 'राष्ट्र' की जकड़बंदी के विकल्प के बतौर वो 'वर्ग' की महत्ता स्थापित करना चाहती थी।[2]

दरअसल रोजा जिंदगी भर राष्ट्रवाद के विचार से सहमत न हो सकी थी। इन्हीं वजहों से लेनिन से उसके राष्ट्रीयता के आत्मनिर्णय के विचार से मतभेद भी हुए। लेनिन राष्ट्रीय आकांक्षाओं को वैध मानते हुए भी उसे वर्ग-संघर्ष की जरूरतों के मातहत रखना चाहते थे। लेकिन रोजा पूरी तरह अंतरराष्ट्रीयतावादी थी। राष्ट्रवाद किसी आंदोलन का आधार हो सकता है इस विचार को रोजा ने कभी माना ही नहीं।[3]

रोजा के पहले का एस.पी.डी.

1898 में रोजा जर्मनी चली गई, क्योंकि मजदूर व क्रांतिकारी आंदोलन का यह सबसे बड़ा गढ़ था। एस.पी.डी. का मार्क्सवाद से गहरा रिश्ता था। इंटरनेशनल में ये लोग थोड़ा ऑर्थोडाक्स मार्क्सवादी समझे जाते थे। जर्मनी में औद्योगीकरण के परिणामस्वरूप मजूदर वर्ग का विस्तार हुआ। जर्मनी के बिस्मार्क एस.पी.डी. के प्रभाव को रोकने के लिए 'एंटी सोशलिस्ट लॉ' ले आए। इसके बावजूद एस.पी.डी. आगे बढ़ती रही। 1890 तक उन्हें भूमिगत होकर काम करना पड़ा। 1890 में प्रतिबंध हटने के बाद एस.पी.डी. का और द्रुतगति से विकास हुआ। सदस्यों की संख्या के लिहाज से एक बड़ी पार्टी समझी जाती थी। 1913 में एस.पी.डी. के जर्मनी में लगभग 90 दैनिक पत्र निकलते थे जिसकी प्रसार संख्या तकरीबन 14 लाख थी। उसके सांसदों की संख्या 110 थी। जर्मनी सामाजिक-राजनीतिक जीवन में एस.पी.डी. की एक महत्वपूर्ण ताकत थी।

सेकेंड इंटरनेशनल में भी एस.पी.डी. का काफी दखल व बोलबाला था। सेकेंड इटरनेशनल का जन्म उस वक्त हुआ था जब 1873 के बाद लगभग एक दशक तक पूँजीवाद में ये उछाल का युग था। इसका मनोवैज्ञानिक प्रभाव सेकेंड इटरनेशनल के नेताओं पर भी पड़ा। इन नेताओं को ये लगने लगा कि जिस मार्क्स का ये कहना कि पूँजीवाद के हर दशक में संकट की पुनरावृत्ति होती है, वैसा प्रतीत नहीं हो रहा। मजदूर आंदोलन में भी एक ऐसी परत या कहें एरिस्टोक्रेसी का अभ्युदय हुआ जो मालिकों के साथ उठते-बैठते थे, उनसे मोल-तोल किया करते थे। मजदूरों का ये छोटा तबका कम मजदूरी पाने वाले मजदूरों की तुलना में

बेहतर हालात में था। पार्टी के खुले में आने, पूँजीवाद में उछाल, पार्टी के प्रभाव में बढ़ोत्तरी, इन सब वजहों से एस.पी.डी. के नेताओं के मन में ये बातें आने लगीं कि हमें प्रतिक्रियावादी ताकतों को भड़काना नहीं चाहिए, पार्टी का पूरा कार्यक्रम एक ही बार में ही नहीं बता देना चाहिए अन्यथा राज्य कड़ा रुख अपना सकता है। हमें फिर से प्रतिबंधित किया जा सकता है। धीरे-धीरे आगे बढ़ते हुए नरम रुख अपनाना चाहिए।

वैसे कागज पर सब कुछ ठीक-ठाक था। भाषणों में, लेखों में, अखबारों में सब सही था। पार्टी नेता ऊपर से सभी चीजों के प्रति प्रतिबद्धता जाहिर करते, जैसे क्रांति, समाजवाद, वर्ग-संघर्ष आदि यानी जो बातें 'कम्युनिस्ट मैनिफेस्टो' किया करता था। एस.पी.डी. के नेता कार्ल काउत्सकी जिन्हें 'मार्क्सवाद का पोप' की संज्ञा दी गई थी वे इंटरनेशनल में मार्क्सवाद के बुनियादी अंतर्वस्तु को अक्षुण रखने की बात किया करते थे।

वो सामाजिक-आर्थिक आधार था जो एस.पी.डी. के पतन का कारण बना।

सुधार और क्रांति

एस.पी.डी. नेता बर्नस्टीन ने 1896-97 में ये कहना शुरू किया कि पिछले 25 वर्षों का अनुभव तो यही बताता है मार्क्स के पूँजीवादी पराभव की संकल्पना में कोई गंभीर खामी है। जितना मार्क्स ने सोचा था उसके मुकाबले पूँजीवाद में विभिन्न परिस्थितियों में खुद को बनाए रखने की जबरदस्त क्षमता व संभावना है। मंदी से बचने के लिए उधार (क्रेडिट) के माध्यम से पूँजीवाद मंदी के संकट से मुक्त रहता है।

बर्नस्टीन का ये नहीं कहना था कि समाजवाद के लक्ष्य को तिलांजलि दे दी जाए। लेकिन उनके अनुसार ये लक्ष्य व्यवस्था को उखाड़ फेंकने के किसी यूटोपियाई संभावना के बजाए व्यवस्था के भीतर ही रहकर दबाव बनाने के माध्यम से किया जा सकता है। ये दबाव ट्रेड यूनियनों, उत्पादकों व उपभोक्ताओं के कोऑपरेटिवों के माध्यम से भी किया जा सकता है। एस.पी.डी. का महत्त्व इस बात में है कि वो अपनी संसदीय ताकत का उपयोग व अवसर सुधार के लिए दबाव बनाने में करें। बर्नस्टीन का ये सुप्रसिद्ध वाक्य है 'द गोल इज नथिंग बट मूवमेंट इज एवरीथिंग'।

इस सिद्धांत से ये बात निकलती थी कि 'सोशल डेमोक्रेट' को दैनिंदिन माँगों के लिए संघर्षरत रहते हुए सुधार आगे बढ़ते रहना चाहिए। बर्नस्टीन ने अपने इन विचारों को एस.पी.डी. के तत्कालीन सैद्धांतिक पत्रिका 'डिनॉय सॉय' में प्रकाशित किया जिसके संपादक थे कार्ल काउत्स्की। इस आलेख में एस.पी.डी. की वामधारा

के लोगों पर हमला किया गया था लेकिन काउत्स्की ने बर्नस्टीन के विचारों की बगैर आलोचना किए अपने पत्र में ये कहते हुए स्थान दिया कि बहस को आगे बढ़ाना चाहिए। तब के पार्टी नेता सैद्धांतिक बहसों में इस कारण नहीं पड़ना चाहते थे कि इससे कहीं पार्टी के विकास और एकता में बाधा न पड़ जाए। इस दरम्यान रोजा लक्जमबर्ग, 1898 में, जर्मनी आई। रोजा लक्जमबर्ग ने इन सबकी परवाह न करते हुए इन घातक चुनौतियों का मुकाबला करने की कोशिश की। ये काम उसने पार्टी नेताओं की नापसंदगी को झेलते हुए किया। रोजा लक्जमबर्ग ने बर्नस्टीन के सिद्धांतों को 'समाजवाद के फैन्सी ड्रेस में बुर्जुआ मूल्यों की सेंध' के रूप में देखा था।[4]

इसी सैद्धांतिक लड़ाई का परिणाम है 'सुधार या क्रांति' जिसे पुस्तिका के रूप में 1900 में प्रकाशित किया गया। डेनमार्क में लिखी गई ये विश्वविख्यात पुस्तिका युवा कम्युनिस्ट कार्यकर्ताओं की आवश्यक पुस्तक मानी जाती है। मार्क्स के विचारों में सुधार की बात करने वालों पर यह किताब जबरदस्त हमला करती है।

रोजा का कहना था कि यदि बर्नस्टीन के विचारों को स्वीकर कर लिया जाता है फिर इसका मार्क्सवाद से कोई नाता नहीं रह जाएगा। रोजा के अनुसार जीवन-स्थितियों में सुधार लाने के लिए दैनिंदिन संघर्ष का अंततः समाजवाद के बड़े लक्ष्य से जुड़ा होता है। सुधार की इन छोटी-छोटी लड़ाइयों के दौरान ही मजूदर संघर्ष करना सीखते हैं लेकिन उनका असली मकसद समाजवाद ही होना चाहिए। रोजा ने पुस्तक की प्रस्तावना में ही इस बात को स्पष्टता के साथ रेखांकित किया कि "ये समाजवाद का लक्ष्य ही है जो सोशल डेमोक्रेटिक पार्टी को दूसरे लिबरल डेमोक्रेटिक पार्टियों से निर्णायक रूप से अलहदा बनाती है। सिर्फ व्यवस्था की सीमाओं को अंदर ही नहीं बल्कि उसका अतिक्रमण कर समाजवाद की ओर बढ़ा जा सकता है। सिर्फ सुधार के लिए ही नहीं बल्कि समाजवाद के लिए संघर्ष करना है।"[5]

बर्नस्टीन ने एस.पी.डी. की नीतियों में किसी रैडिकल बदलाव लाने की बात नहीं की बल्कि उसने ठीक उन्हीं बातों की सिफारिश की जिसका एस.पी.डी. अपने व्यवहार में अनुसरण कर रहा था। बर्नस्टीन सिर्फ इतना कह रहे थे कि जो हम व्याहारिक रूप से हैं उसे ही स्वीकार कर लेने में क्या हर्ज है? या सुधार की एक लोकतांत्रिक समाजवादी बन जाने में क्या हर्ज है?

बर्नस्टीन की चिंता ये भी थी कि व्यवहार व सिद्धांत के अंतर को मिटाया जाए। हम जो व्यावहारिक जीवन में कर रहे हैं उसकी स्वीकारोक्ति हो। क्रांति के संबंध में कपोल-कल्पित संभावना को त्यागकर उसके व्यवहार व सिद्धांत के बीच की दूरी को पाट दिया जाए। काउत्स्की के एक इस आरोप का कि वो पार्टी का

ध्वंस करना चाहते हैं, बर्नस्टीन का जवाब था "मुझे सोशल डेमोक्रेटिक पार्टी के व्यावहारिक पहलुओं से कोई दिक्कत नहीं है, आवश्यकता ये है कि सिर्फ इसके सैद्धांतिक हिस्से से कुछ बातों को हटा दिया जाए।" कई वर्ष पूर्व एस.पी.डी. नेता बेवल ने खुद कहा था "सही कार्यक्रम की बजाय सही व वाजिब कार्य-नीति अधिक महत्त्वपूर्ण होती है।"[6]

सिद्धांत की बजाय सिर्फ व्यावहारिक कार्यों पर ध्यान देने के बर्नस्टीन के जवाब में रोजा लक्जमबर्ग ने कहा "पार्टी के अंदर अवसरवादी प्रवृत्ति का प्रमुख लक्षण होता है सिद्धांत के प्रति उसकी नापसंदगी। यह स्वाभाविक भी है, क्योंकि हमारा सिद्धांत, जो कि वैज्ञानिक समाजवाद का आधार भी है, हमारे व्यावहारिक कार्यों को निश्चित काम व सीमायें निर्धारित करता है। अपने लक्ष्यों को सामने रखकर किस किस्म की रणनीति, कार्य-नीति व पद्धति उपयोग में लाई जाए इस बावत सिद्धांत स्पष्ट दिशा-निर्देश देता है। जो लोग प्रेक्टिकल कामों या व्यावहारिक उपलब्धियों के पीछे भागने की चाहत रखते हैं उनके भीतर इस बात की उत्कट इच्छा बलवती हो उठती है कि येन केन प्रकारेण सिद्धांत से छुटकारा मिल जाए, व्यवहार को सिद्धांत से अलगा सकें।"[7]

बुर्जुआ व मार्क्सवादी पार्टी के अंदर निर्णायक अंतर इसी बात को लेकर है। मार्क्सवाद सिद्धांत तथा व्यवहार में एकता की बात करता है। बुर्जुआ राजनीति इस मायने में व्यावहारिक व प्रैक्टिकल हुआ करती है कि उसका कोई व्यवस्थागत मकसद नहीं रहा करता है। जबकि मार्क्सवादी पार्टी उतनी ही हद तक व्यावहारिक रहती है जितनी उसकी सैद्धांतिक आवश्यकता रहा करती है। व्यावहारिक गतिविधियों को उसके तात्कालिक लक्ष्यों से जुड़ा होना, सैद्धांतिक दबावों से मुक्त होने की उसकी चाहत उसे मार्क्सवादी राजनीति से बुर्जुआ राजनीति के पाले में खड़ा करती है। बर्नस्टीन का एस.पी.डी. के प्रति दरअसल यही आरोप था। रोजा लक्जमबर्ग ने अपने लेखन से बर्नस्टीन को इस मुखौटे को उतार फेंकने की चुनौती दी कि वो खुद को एक पेट्टी बुर्जुआ डेमोक्रेट के रूप में चिह्नित करें।

रोजा लक्जमबर्ग ने इस बात को रेखांकित किया कि हमें इन सैद्धांतिक बहसों को पार्टी के भीतर ले जाना चाहिए ताकि आम कार्यकर्ता इससे परिचित हो सके। रोजा मानती थी कि सैद्धांतिक बहस सिर्फ नेतृत्व के लिए ही नहीं बल्कि आम कैडर के लिए भी बेहद आवश्यक है। बाद के दिनों में संशोधनवादी व क्रांतिकारी लाइन के बीच की यह स्पष्ट विभाजन रेखा हो गई थी।

बर्नस्टीन संसद के माध्यम से धीरे-धीरे कानूनी प्रक्रियाओं का पालन करने के जरिये आगे बढ़ने की बात करते रहे। लेकिन रोजा की नजर मौजूदा उत्पीड़नों का असली आधार 'श्रम दासता' पर था। यह एक ऐसी चीज है जो कानून का तो

कतई मसला नहीं है। बकौल रोजा "श्रम दासता कानून आधारित होने की बजाय मुख्यतः आर्थिक कारकों द्वारा निर्धारित होता है। अतः पूँजीवादी वर्ग वर्चस्व के बुनियादी आधारों को कानूनी सुधार द्वारा नहीं बदला जा सकता, क्योंकि ये दासता किसी कानून द्वारा नहीं लाए गए हैं। फलतः इस बुर्जुआ व्यवस्था को कानूनों के द्वारा समाप्त भी नहीं किया जा सकता। भले ही इसके लिए राजनीतिक अवसर उपलब्ध क्यों न हो।"

इस अनूठे विचार को, बाद के दिनों में, बहुत कम लोगों ने ध्यान दिया। हम अपने अनुभवों से भी जानते हैं कि कानूनों में तब्दीली आने से सत्ता व वर्चस्व की वास्तविक परिस्थतियों में कोई खास परिवर्तन नहीं होता।

बुर्जुआ वर्चस्व का गैर-संसदीय, गैर-कानूनी चरित्र ही वो प्रमुख वजह है जिस कारण इस व्यवस्था को बदलने के लिए सुधार नहीं बल्कि इंकलाब की जरूरत पड़ती है। इसका कोई दूसरा उपाय भी नहीं है। रोजा लक्जमबर्ग इस गैर-संसदीय संघर्ष का मुख्य तरीका 'मास स्ट्राइक' यानी जन-हड़ताल को माना करती थी। 1905 की असफल रूसी क्रांति के अनुभवों से उसने संघर्ष के इस रूप की वकालत करनी शुरू की।

रोजा लक्जमबर्ग एस.पी.डी. के नेताओं की इस बात के लिए भी आलोचना किया करती थी कि 'जनता अभी तैयार नहीं है' को आधार बनाकर और 'हमेशा जनता के साथ रहने' का बहाना बनाकर रैडिकल कदम उठाने से परहेज किया करते हैं। वे कहा करतीं "ये लोग कभी भी जनता के यथार्थ से कटकर, अभी या बाद में भी, अलगाव में नहीं रहना चाहते। इंकलाबी तेवरों के माध्यम से जनता का समर्थन हासिल करने का विचार उन्हें गवारा नहीं था। वे भी तब एक क्रांतिकारी पार्टी थे लेकिन तभी जब जनता खुद क्रांति की इच्छा प्रकट करे।"[8]

"एक नेता अपनी कार्य-नीति जनता के मूड व भावना को देखते हुए नहीं बदलता बल्कि उसे इतिहास के विकास को ध्यान में रख उसमें तब्दीली करता है। वो निराशा के माहौल में भी अपनी नीति नहीं त्यागता बल्कि तब तक इंतजार करता है जब तक कि इतिहास अपना दायित्व पूरा न करे।"[9]

रोजा के इन जोरदार क्रांतिकारी तर्कों ने एस.पी.डी. में हलचल मचा दी, नेतृत्व दबाव में आ गया। कार्ल काउत्स्की और अगस्त बेवल को अंततः बहस में उतरना पड़ा। एस.पी.डी. के नेताओं को भले बर्नस्टीन की आलोचना करने पर मजबूर होना पड़ा लेकिन उनमें से अधिकांश बर्नस्टीन से अंदर-ही-अंदर सहमत थे।

सेकेंड इंटरनेशनल में अवसरवाद रोजा की ही अवधारणात्मक खोज थी। उसी ने 'सामाजिक देशभक्ति' जैसे पद का आविष्कार कर उसे समाजवादी आंदोलन में बुर्जुआ या कहें विजातीय प्रभाव के रूप में चिह्नित किया था। रोजा लक्जमबर्ग ने

काउत्स्की के अवसरवादी सिद्धांतकार के रूप में लेनिन से भी पहले पहचान कर ली थी, जो पार्टी के बहुमत के नाम पर अवसरवाद की वकालत किया करते थे।

लेनिन इस मामले में रोजा लक्जमबर्ग के श्रेष्ठ, बेहतर व पहले देख ली गई अंतर्दृष्टि के कायल थे। जबकि काउत्स्की प्रथम विश्व युद्ध तक लेनिन की कमजोरी बने रहे थे। लेनिन व ट्राटस्की दोनों काउत्स्की के बड़े प्रशंसक थे। ये दोनों काउत्स्की से रोजा के झगड़े में रोजा को गलत व अनुचित मानते थे।

पूँजी का संचय और रोजा लक्जमबर्ग

सुधार व क्रांति के पश्चात रोजा लक्जमबर्ग की एक और विश्वविख्यात कृति है *द ऑक्यूमिलेशन ऑफ कैपिटल* जो 1913 में लिखी गई थी। इसमें रोजा ने 'मार्क्स' की *पूँजी* में दिए गए प्रस्थापनाओं की गहरी छानबीन की। यह किताब आज पूरी दुनिया में फिर से बेहद प्रासंगिक हो उठी है। चर्चित हंगेरियन मार्क्सवादी जार्ज लुकाच, रोजा लक्जमबर्ग की *द ऑक्यूमिलेशन ऑफ कैपिटल* और लेनिन के *स्टेट एंड रिवोल्यूशन* को मार्क्स की पद्धति का उपयोग कर मार्क्सवादी दर्शन को समृद्ध करने वाली सबसे महत्वपूर्ण कृतियों में मानते हैं। लुकाच के अनुसार *द एक्यूमिलेशन ऑफ कैपिटल* ने उन्हीं पद्धतियों और प्रश्नों को फिर से उठाया है जिन्हें युवा मार्क्स ने *द पावर्टी ऑफ फिलॉसफी* में पेश किया था। इस रचना में मार्क्स ने उन ऐतिहासिक दशाओं की छान-बीन की थी जिनके कारण रिकार्डो का अर्थशास्त्र संभव और अपरिहार्य हुआ था। इसी तरह *पूँजी* के खंड 2 और 3 के अधूरे विश्लेषण पर रोजा लक्जमबर्ग ने उसी पद्धति को लागू किया।"[10]

लुकाच यह भी मानते हैं कि अपनी शास्त्रीय रचना *द ऑक्यूमिलेशन ऑफ कैपिटल* इस पुस्तक से खुद जितना सीखना चाहिए था उतना न तो ध्यान दिया और न ही उसका लाभ उठाया, फलतः आंदोलन को खुद अपना नुकसान उठाना पड़ा।

द ऑक्यूमिलेशन ऑफ कैपिटल में निहित सिद्धांत की अंतर्वस्तु सीधी और सरल है। मार्क्सवाद इस अनुमान पर आधारित है कि पूँजीवाद अपने अंतर्विरोधों के भार से दबकर ढह जाएगा। मार्क्स ने खुद इस अवधारणा को गणितीय व अनुभवजन्य साक्ष्यों के आधार पर आगे बढ़ाया। रोजा लक्जमबर्ग का तर्क था कि मार्क्स द्वारा दिए गए ये साक्ष्य परिणाम के अनुकल नहीं हैं। गणितीय आकलनों के आधार पर पूँजीवाद के ढहने भी भविष्यवाणी के विफल रहने की स्थिति में रोजा लक्जमबर्ग ने ढहने के कारणों की तलाश बाहर करनी शुरू कर दी। पूँजीवाद के अस्तित्व में बने रहने व निरंतर विकास करते जाने के कारण को रोजा ने प्राक-पूँजीवादी (प्री-कैपिटलिस्ट) समाजों को अपने कब्जे में लेने की उसकी क्षमता में खोजा। पूँजीवाद विकास से अछूते इन क्षेत्रों को पूँजीवादी औपनिवेशिक

के आर्थिक क्षेत्र में लाने व प्रभावित करने की उसकी क्षमता में निहित है उसके अस्तित्व में बने रहने का कारण। रोजा के अनुसार पूँजीवाद खुद अपनी बदौलत अस्तित्व में बना नहीं रह सकता। उसे खुद को बनाए रखने के लिए गैर-पूँजीवाद क्षेत्र चाहिए-ही-चाहिए।

पूँजीवादी उत्पादन का क्षेत्र गैर-पूँजीवादी क्षेत्रों पर टिका रहता है। ये रोजा की मौलिक प्रस्थापना है। रोजा ने इसे साम्राज्यवाद व उपनिवेशवाद के संदर्भ में परिभाषित किया था। 'एक्यूमिलेशन बाई डिस्पोजेशन' यानी 'विस्थापन के जरिए संचय'। भारत में हम कृषि क्षेत्र की तबाही की कीमत पर नवउदारवादी विकास के पूँजीवादी मॉडल को इस रोशनी में देख सकते हैं। पूँजीवाद ये काम प्राकपूँजीवादी अर्थव्यवस्था के बाजार पर कब्जा करके भी इस प्रक्रिया को संपन्न करता है। भारत के एक किसान नेता शरद जोशी अक्सर अपने भाषणों में पूँजीवाद द्वारा कृषि-क्षेत्र की तबाही के लिए रोजा लक्जमबर्ग की इस किताब का जिक्र किया करते थे।

मार्क्स के अनुसार पूँजीवादी अर्थव्यवस्था के बाहर बाजार की तलाश, मुनाफे में बढ़ोत्तरी का आवश्यक परिणाम है। लेकिन रोजा ने *एक्यूमिलेशन ऑफ कैपिटल* में बताया कि पूँजीवादी इलाके के बाहर के इन क्षेत्रों– चाहे वो ग्रामीण कृषि क्षेत्र हो या फिर उपनिवेश– पर कब्जे के बगैर पूँजीवादी संचय संभव ही नहीं है। रोजा ने दिखाया कि पूँजीवादी उत्पादन पद्धति के अंदर सरप्लस वैल्यू पैदा संभव नहीं हो पायेगा यदि वो अपना माल सिर्फ पूँजीपतियों व मजदूरों के बीच ही बेचे। इसके लिए आवश्यक है कि गैर-पूँजीवादी क्षेत्रों के खरीददार उसके बनाये सामानों को खरीदें।

जार्ज लुकाच *एक्यूमिलेशन ऑफ कैपिटल* को *पूँजी* की अगली कड़ी तक बताते हैं "उनका पेश किया हुआ प्रश्न यह था– मार्क्स के सूत्र (पद्धति संबंधी कारणों से प्रस्तुत) एक परिकल्पित समाज के आधार पर प्राप्त हुए थे जिसमें पूँजीपति और मजदूर पाए जाते थे। क्या ये सूत्र सही थे? उनकी व्याख्या भला कैसे की जाए? इस तथ्य को आलोचकों ने पूरी तरह अनदेखा कर दिया कि इस समस्या का स्थान संबंधी वृहत्तर प्रश्न पर आने से पहले मार्क्स ने तर्क के लिए अर्थात समस्या को और भी स्पष्ट ढंग से समझने के लिए, इस समाज की ऐसी प्रस्तुति की थी। उन्होंने इस तथ्य को अनदेखा किया कि *पूँजी* की पहली जिल्द में तथाकथित आदिम संचय के हवाले से मार्क्स ने खुद यह कदम उठाया था। चेतन या अचेतन ढंग से उन्होंने इस तथ्य को छिपाया कि इस सवाल पर *पूँजी* एक अधूरा ग्रंथ है और वहीं जाकर रूक जाती है जहाँ से इस समस्या की विवेचना शुरू होनी चाहिए थी। इस अर्थ में रोजा लक्जमबर्ग ने जो कुछ किया, यही था कि मार्क्स ने जहाँ से सूत्र को छोड़ा था ठीक वहीं से उसे उठाया और उन्हीं की भावना के अनुसार इस समस्या को हल किया।"[11]

मार्क्स की 'पूँजीवाद की आदिम संचय' की प्रक्रिया के मुतल्लिक यह एक भ्रामक समझ रही है कि ज्यों ही पूँजीवाद स्थापित हो जाता है आदिम संचय की यह प्रक्रिया स्वतः समाप्त हो जाती है। वैसे मार्क्स ने अपनी कुछ रचनाओं में इस ओर संकेत दिया है कि पूँजी संचय की यह प्रक्रिया पूँजीवाद के साथ ताउम्र चलती रहती है। 1881 में नरोदनिक अर्थशास्त्री एन.एफ. डेनियसन को लिखे अपने पत्र में मार्क्स ने कहते हैं–

"अँग्रेजों ने, सालाना तौर पर किराये के रूप में, रेलवे (जो हिंदुओं के लिए बेकार है) के लाभांश के रूप में, सेना व सिविल सेवा के पेंशन के रूप में, अफगानिस्तान व अन्य युद्धों के खर्चे के रूप में इसी तरह अन्य चीजों के लिए, भारत से अपने देश भेजा। वार्षिक हिसाब लगाकर देखा जाए तो भारत से इंग्लैंड भेजी गई कुल संपत्ति छह करोड़ खेत और औद्योगिक मजदूरों की कुल आमदनी के बराबर है। यह बदले की भावना से की गई बेहद रक्तरंजित प्रक्रिया है।"[12]

मार्क्स ने भले ही इस ओर अपनी क्लासिक कृति *पूँजी* के खंडों में इस बावत चर्चा न की हो लेकिन ये बात उनकी चिंता में बनी रही है। 'पूँजी का आदिम संचय' पूँजीवाद के इतिहास-पूर्व अवस्था में नहीं बल्कि हमेशा बनी रहती है। एक बार पूँजीवाद के अस्तित्व में आ जाने के पश्चात यह ठीक उसी प्रकार काम करती है जैसा कि *पूँजी* के विभिन्न खंडों में बताया गया है। यानी उसमें उपनिवेशवाद की कोई भूमिका नहीं है। लेकिन ये बात तथ्यों से मेल नहीं खाती है।

अब उन्नीसवीं शताब्दी में उपनिवेशवाद के संपूर्ण इतिहास, विशेषकर भारत, को देखने से यह बात स्पष्टता से समझ में आती है। उपनिवेश के बाजारों पर कब्जे के माध्यम से यह कार्य संपन्न किया जाता है। दादा भाई नौरोजी की क्लासिक कृति *पोवर्टी एंड अनब्रिटिश रूल इन इंडिया* (1901)आर्थिक राष्ट्रवादी इतिहासकार आर.सी. दत्त की दो खंडों में प्रकाशित *हिस्ट्री ऑफ इंडिया अंडर ब्रिटिश रूल* में इस तथ्य को प्रमुखता से रेखांकित किया है कि ऐसे में उद्योग धन्धों का विनाश कर भारत का 'डिइंडस्ट्रियलाइजेशन' किया गया। जो भारत एक विनिर्माण (मैनुफैक्चरिंग) के क्षेत्र में अग्रणी देश था वो किस प्रकार महज कच्चे माल के निर्माता के रूप में रह गया। 1840 में 'ईस्ट इंडिया कंपनी' ने ब्रिटिश संसद में एक पेटीशन दिया, जिसमें कहा कि "कंपनी ने कई प्रकार से अपने अनूठे आविष्कारक वृत्ति व कौशल की सहायता से भारत को एक मैनूफैक्चरिंग देश से एक कच्चे पदार्थों के निर्यातक देश में तब्दील कर दिया।"[13]

भारत के ये आर्थिक राष्ट्रवादी यानी दादा भाई नौरोजी, आर.सी. दत्त, आदि दुनिया-भर में पहले ऐसे लोग थे जिन्होंने अपने अथक शोध व परिश्रम से इंग्लैंड द्वारा भारत के संसाधनों के दोहन की औपनिवेशिक परिघटना की ओर ध्यान

दिलाया। ये काम इन लोगों ने, लेनिन व रोजा लक्जमबर्ग के भी काफी पहले करने का श्रेय जाता है।

इस बात की एक दूसरी गलत समझ ये भी रही है कि प्राकपूँजीवादी क्षेत्रों से उजाड़े गए लोगों में अधिकांश को, कुछ बेरोजगारों की सेना के रूप में बने रहते हैं, औद्योगिक क्षेत्रों में खपा लिया जाता है। लेकिन ऐसा नहीं है। औपनिवेशिक भारत का अनुभव इसकी कतई ताइद नहीं करता। जहाँ तक यूरोप के छोटे उत्पादकों की बात है वे इस नियति से इस कारण बच निकले कि प्राकपूँजीवादी क्षेत्रों से मुक्त हुए गोरे लोगों को अमेरिका, कनाडा, आस्ट्रेलिया, न्यूजीलैंड, दक्षिण अफ्रीका आदि जगहों में बसाकर अतिरिक्त आबादी को खपा दिया गया। इन जगहों की स्थानीय आबादी को खदेड़कर या उनका नरसंहार कर इस अतिरिक्त आबादी ने खुद को किसानों के रूप में स्थापित कर लिया। आर्थर लुईस के एक अनुमान के मुताबिक ये जनसंख्या उन्नीसवीं शताब्दी के मध्य यानी 1870 से 1914 (प्रथम विश्वयुद्ध के प्रारंभ तक) तकरीबन 4-5 करोड़ थी। इतने बड़े पैमाने पर लोगों के बसने से इंग्लैंड में घरेलू बेरोजगारी को नियंत्रित भी किया जा सका था। यह सुविधा उपनिवेश के लोगों को उपलब्ध नहीं थी।

यह सर्वविदित है कि औद्योगिक क्रांति के दौरान इंग्लैंड के मजदूर वर्ग की हालत बेहद पतली होती चली गई थी। यही हाल कनाडा, संयुक्त राज्य अमेरिका सहित अन्य औद्योगिक मुल्कों का भी रहा। लेकिन इन औद्योगिक देशों में 1870 के आस-पास से मजदूरों की स्थिति में सुधार होना प्रारंभ हो गया। स्वास्थ्य सूचकांकों जैसे शिशु मृत्यु-दर, जीवन की औसत उम्र में बेहतर दिशा में जाने लगी। मजदूरों के जीवन-स्तर व मजदूरी में इजाफा होने लगा। लेकिन ये उपलब्धियाँ भारत व वर्मा जैसे देशों से हासिल किए गए सरप्लस के बगैर संभव नहीं हुई होतीं। लगभग उसी वक्त ब्रिटेन, फ्रांस, जर्मनी, आदि में मजूदर आंदोलन में तेजी आने लगी।[14]

बिहार के प्रमुख समाजवादी चिंतक सच्चिदानंद सिन्हा ने *इंटरनल कॉलोनी* व मार्क्सवादी अर्थशास्त्री प्रधान हरिशंकर प्रसाद *इनर कोलोनाइजेशन* की अपनी अवधारणा में कुछ-कुछ इसी किस्म की बातें की थीं। इसके अनुसार भारत जैसा मुल्क यदि पूँजीवादी रास्ते पर आगे बढ़ता है तो इसके पास यूरोप की तरह देश के बाहर गैरपूँजीवादी क्षेत्र या बाजार उपलब्ध नहीं होने की स्थिति में अपने ही देश में 'आंतरिक उपनिवेशीकरण' की प्रक्रिया प्रारंभ हो जाती है। जैसे पूँजीवादी विकास के कुछ मेट्रोपॉलिटन केंद्र बन जाते हैं और पिछड़े, कृषि-प्रधान इलाकों का शोषण कर उसे एक प्रकार से अपना कॉलोनी बना लेते हैं। बिहार जैसा पिछड़ा प्रदेश विकसित औद्योगिक केंद्रों को मजदूर, कच्चा माल आदि सप्लाई करने वाले उपनिवेश में बदल जाता है।

इन तथ्यों की रोशनी में देखें तो रोजा लक्जमबर्ग द्वारा *एक्यूमिलेशन ऑफ कैपिटल* में उठाए गए सवालों में काफी दम नजर आता है। बाद में सेकेंड इंटरनेशनल की शर्मनाक ध्वंस का संपूर्ण इतिहास इस तथ्य को प्रमुखता से रेखांकित करता है कि पश्चिमी यूरोप का मजदूर-वर्ग अपने बुर्जुआ से तब तक अपनी लड़ाई नहीं जीत सकता जब तक कि उसके पास उपनिवेशों के स्रोत रूपी ताकत बरकरार हैं।[15]

रोजा ने पूँजीवाद की ऐतिहासिक प्रक्रिया को भी चिह्नित किया है। इस संदर्भ में लुकाच की यह टिप्पणी दृष्टव्य है "जिस तरह युवा मार्क्स की समग्रता की धारणा ने अभी भी फल-फूल रहे पूँजीवाद के रोग के लक्षणों पर भरपूर रोशनी डाली थी, उसी तरह रोजा लक्जमबर्ग के अध्ययनों में भी हम समग्र ऐतिहासिक प्रक्रिया के संदर्भ में पूँजीवाद की बुनियादी समस्याओं का एक विश्लेषण पाते हैं। उनकी रचना में हमें यह बात दिखाई देती है कि पूँजीवाद का आखिरी बेल-बूटा किस तरह मौत के तांडव में, मौत की तरफ 'इडिपस' के असाध्य प्रयाण में बदल चुका है।"[16]

प्रथम विश्वयुद्ध और रोजा लक्जमबर्ग

सेकेंड इंटरनेशनल तथा रोजा लक्जमबर्ग ने 'पूँजी के संचय' के अपने अध्ययनों के आधार पर विश्वयुद्ध के मँडराते खतरे को भांप लिया था। लिहाजा इसके नेताओं ने 1912 में ही यह प्रस्ताव (यह प्रस्ताव दरअसल रोजा लक्जमबर्ग ने ही ड्राफ्ट किया था) लिया था कि यदि विश्वयुद्ध छिड़ता है हमें किसी भी हाल में युद्ध का समर्थन नहीं करना है, एक देश के मजदूर दूसरे देश के अपने मजदूर भाइयों पर गोली नहीं चलाएँगे। अपनी सारी ऊर्जा आपस में लड़ने के बजाय पूँजीवाद के खिलाफ गोलबंद करेंगे। लेकिन ज्यों ही युद्ध छिड़ा ये सारे-के-सारे कागजी प्रस्ताव धरे-के-धरे रह गए। जब अगस्त 1914 में युद्ध के खिलाफ वोट देने की बारी आई तो अधिकांश दल अपने राष्ट्रीय बुर्जुआ के साथ चले गए। रोजा लक्जमबर्ग ने टिप्पणी भी की "शांति काल में एकता की बातें और युद्ध में एक-दूसरे का गला काटने पर उतारू"।[17]

इसका मतलब था ये सभी पार्टियाँ सिर्फ मौखिक रूप से इन प्रस्तावों का समर्थन कर रही थीं। जब एस.पी.डी. ने संसद में 'वार क्रेडिट' के पक्ष में वोट दिया तो पूरा मजदूर आंदोलन सदमे में था। एस.पी.डी. पार्टी के नेतृत्व के विश्वासघात से पूरा यूरोप स्तब्ध था। ऐसा कैसे हो गया? काउत्स्की ने इंटरनेशनल के संबंध में ये कहा कि ये शांति कायम करने का माध्यम है युद्ध के समय इसकी कोई खास उपयोगिता नहीं होती।

कहा जाता है कि जब लेनिन को एस.पी.डी. के युद्ध के पक्ष में दिए गए

प्रस्तावों की कॉपी मिली तो सहसा उन्हें विश्वास नहीं हुआ। उन्हें लगा कि ये जरूर कोई धोखाधड़ी है जो सेकेंड इंटरनेशन के लोगों में उलझन पैदा करने के लिए लाया गया है। पूरे नेतृत्व ने इस राष्ट्रीय उन्माद के समक्ष घुटने टेक दिए।

यूरोप के अधिकांश देश युद्ध प्रस्तावों के साथ थे। पूरे यूरोप में युद्धोन्माद का माहौल था। एक देश के मजदूरों को दूसरे देश के अपने भाइयों को मारने के लिए भेजा जा रहा था। ऐसी स्थिति में जो अंतरराष्ट्रीयतावादी थे उनके लिए बेहद मुश्किल की घड़ी थी। उन्हें कुछ समझ में नहीं आ रहा था कि क्या किया जाए। लेकिन लेनिन, ट्राटस्की व रोजा लक्जमबर्ग ने युद्धोन्माद के माहौल का विरोध किया।

एस.पी.डी. में इस पर मत-विभाजन हुआ। बहुमत युद्ध प्रस्तावों के पक्ष में था। रोजा लक्जमबर्ग सहित लोग अल्पमत में थे। एस.पी.डी. के संसदीय ग्रुप में ये चर्चा हुई कि 'वार क्रेडिट' के पक्ष में वोट दिया जाए या विरोध में? फैसला 'वार क्रेडिट' के पक्ष में देने का हुआ। अल्पमत को, जो कि 110 सदस्यों में 14 थे, पार्टी अनुशासन के नाम पर, मजबूरी में, युद्ध प्रस्ताव के साथ गए। फलतः 4 अगस्त, 1914 को राइस्टैग की बैठक में कार्ल लीब्नेख्त को 'वार क्रेडिट' के पक्ष में वोट देना पड़ा। लेकिन जल्द ही उन्हें महसूस हुआ कि ये तो गलती हो गई। ये निर्णय पार्टी कार्यक्रम के अनुकूल नहीं है। और जब दूसरी बार, दिसंबर 1914, में 'वार क्रेडिट' का प्रस्ताव लाया गया, उन्होंने बहुत साहस के साथ उसके खिलाफ वोट दिया। उन्माद के माहौल में कार्ल लीब्नेख्त का वो फैसला बेहद साहसपूर्ण कदम था। युद्ध प्रस्तावों का विरोध करते ही कार्ल लीब्नेख्त सभी की नजर के केंद्र में आ गए। कार्ल लीब्नेख्त पहले व्यक्ति थे जिन्होंने ये कहने का साहस किया कि वे बुर्जुआ हितों के लिए युद्ध प्रस्तावों का समर्थन नहीं करेंगे।

अब कार्ल लीब्नेख्त और रोजा लक्जमबर्ग एक साथ आए और 1916 में 'स्पार्टापस लीग' का गठन किया। यह एस.पी.डी. के अंदर बना। यह एक तरह का ढीला-ढीला समूह था जो युद्ध का विरोध तथा क्रांतिकारी विचारों की रक्षा के लिए बनाया गया था। उन्माद भरे उस माहौल में भी ये लोग अपने विचारों के पक्ष में खड़े रहे। जल्द ही उनमें से अधिकांश को जेलों में डाल दिया गया। लेकिन इस दौरान भी रोजा सक्रिय रहीं और लेखन कार्य करती रहीं। उसे जेल के बाहर चोरी-छुपे भिजवाती रहीं। जेल में रहने के दौरान ही रोजा ने *क्राइसिस ऑफ सोशल डेमोक्रेसी* जिसे 'जूनियर पैंफलेट' के नाम से भी जाना जाता है। ये पैंफलेट पहली बार बेहद जीवंत तरीके से युद्ध के खिलाफ गया था।

भूख, युद्ध, ठंड के कड़वे यथार्थ का उन्हें सामना करना पड़ा। जरूरत की चीजों से आम लोगों को वंचित कर फौजी सामग्रियों का उत्पादन हो रहा था तथा

युद्ध सामग्री की आपूर्ति के लिए न्यूनतम मजदूरी से भी कम पाकर मजदूरों को 12-12 घंटे काम करना पड़ रहा था। इस दौरान उन्हें इस बात का भी अहसास हुआ कि ये युद्ध वे अपने लिए नहीं बल्कि अपने देश के जर्मन पूँजीपतियों के हितों के लिए लड़ रहे हैं। लोगों में न सिर्फ युद्ध-विरोधी विचार मजबूत हो रहे थे बल्कि जर्मनी के सैनिकों में यह विश्वास दृढ़ होने लगा था कि शासन तंत्र को क्रांति द्वारा पलटे बगैर युद्ध से मुक्ति पाना संभव नहीं है।[18]

नीचे से आने वाले इन दबावों के कारण युद्ध का विरोध निरंतर बड़ा-से-बड़ा होता चला गया। फलतः एस.पी.डी. के अंदर भी युद्ध का विरोध करने वालों की संख्या तेजी से बढ़ती चली गई।

मार्च 1916 में बड़ी संख्या में लोगों ने राइस्टैग में 'वार क्रेडिट' के लिए वोट करने से इनकार कर दिया। साथ ही स्थानीय पार्टी संगठनों व कई औद्योगिक केंद्रों के मजदूर संगठनों के लोगों ने पार्टी नेतृत्व के बावजूद युद्ध का विरोध प्रारंभ कर दिया। जनवरी 1917 में एस.पी.डी. का राष्ट्रीय सम्मेलन हुआ जिसमें युद्ध-विरोधियों ने अपने प्रतिरोध को सांगठनिक स्वरूप देने का मन बनाया। लेकिन एस.पी.डी. के नेतृत्व का पार्टी के अंदर युद्ध का संगठित विरोध सहना कतई मंजूर न था। अंततः नेतृत्व ने युद्ध-विरोधियों को पार्टी से निष्काषित करने का फैसला लिया। उन लोगों ने 'इंडिपेंडेंट सोशल डेमोक्रेटिक पार्टी' का गठन किया जिसे यू.एस.पी.डी. के नाम से जाना जाता है। लेकिन इस टूट का कोई वैचारिक-सैद्धांतिक आधार न था जिसमें कार्ल लीब्नेख्त, रोजा लक्जमबर्ग से लेकर काउत्स्की व बर्नस्टीन तक सभी युद्ध-विरोधी शामिल थे।

रूसी क्रांति और रोजा लक्जमबर्ग

क्रांतिकारी लोगों को अनुमान था कि जल्दी ही क्रांतिकारी लहर उठेगी। और अंततः ऐसा ही हुआ। रूस में फरवरी में क्रांति हुई जिसके संबंध में लेनिन कहा करते थे कि "जंजीर वहीं से टूटती है जहाँ वो कमजोर होती है।"

जब रूस में क्रांति हुई तब जर्मनी की एस.पी.डी. ने भी उसका स्वागत तो किया लेकिन जैसा कि कार्ल काउत्स्की ने 15 नवंबर, 1917 की अपनी टिप्पणी में कहा "सबसे बेहतरीन मार्क्सवादी मानकों पर तौलें तो यह कहा जा सकता है कि रूस में परिस्थिति अभी समाजवादी शासन के अनुकूलन नहीं है।" लेकिन रोजा लक्जमबर्ग ने इस टिप्पणी के लिए काउत्स्की को खूब लताड़ा। रोजा रूसी क्रांति के संबंध में कहती हैं "लेनिन की पार्टी एकमात्र ऐसी पार्टी थी जिसने जनादेश तथा एक क्रांतिकारी पार्टी के कर्तव्यों को बखूबी समझा। 'सभी सत्ता सर्वहारा व किसानों के हाथों में' इस नारे को सुनिश्चित करने के साथ उन्होंने क्रांति के आगे

बढ़ने का मार्ग प्रशस्त कर दिया। इस तरह बोल्शेविकों ने उस समस्या को हल कर लिया जिसने जर्मन सोशल डेमोक्रेटिक पार्टी के लिए दुःस्वप्न की तरह चिंतित बनाया हुआ था, और वो था 'लोगों के बहुमत को अपने पक्ष में कर लेना।' जो पार्टी जानती है कि हमें कैसे नेतृत्व करना है, चीजों को कैसे आगे बढ़ाना है सिर्फ वही तूफानी वक्त में जनता का समर्थन हासिल कर लेती है। निर्णायक मौकों पर लेनिन और उसके साथियों ने जिस दृढ़ता का परिचय दिया और मुश्किल समय में लोगों के सामने एकमात्र हल प्रस्तुत किया, उनके इस कौशल से वे निरंतर खदेड़े जाते रहे। उत्पीड़ित, कलंकित छोटे अल्पसंख्यक समूह से, जिसके नेता (लेनिन) को छुपकर रहना पड़ता था, रातोंरात परिस्थितियों का नियंता बना दिया।"[19]

एस.पी.डी. के अंदर रोजा लक्जमबर्ग रूसी मामलों की विशेषज्ञ समझी जाती थीं। रूस से उनका गहरा नाता 1905 की क्रांति के पूर्व से ही था। रूस की नवंबर क्रांति के समय रोजा लक्जमबर्ग जेल में थीं। जेल में छन-छनकर पहुँची सूचनाओं के माध्यम से रूसी क्रांति के संबंध में अपनी समझ बनाई और कुछ आपत्तियाँ आलोचना के माध्यम से सामने रखी।

रोजा लक्जमबर्ग को शक था कि रूसी क्रांति इन परिस्थितियों में खुद को बचा पाएगी? उन्हें लगता था कि रूसी क्रांति का हाल भी कुल मिलाकर 'पेरिस कम्युन' जैसा ही हो जाएगा। इस दौर के एक निजी पत्र में रोजा लिखती हैं "क्या तुम रूस में घट रही घटनाओं से प्रसन्न हो? ये लोग चुड़ैलों की पकड़ से बचा पाने में सफल हो सकेंगे? ये इसलिए नहीं होगा कि आँकड़े दिखाते हैं रूस में आर्थिक विकास पीछे है, अर्थव्यवस्था काफी पिछड़ी है जैसा कि तुम्हारा चतुर पति बताता है। ऐसा इसलिए होगा कि पश्चिम की विकसित सोशल डेमोक्रेटिक पार्टियाँ दयनीय रूप से कायर हैं और वो जब रूसियों का रक्त बहाया जाएगा उस समय वे अपनी नजरें चुरा रहे होंगे। लेकिन यह त्रासद अंत भी बेहतर होगा, अपने 'पितृभूमि पर जीते रहने' के मुकाबले। रूसी क्रांति ऐतिहासिक महत्त्व की है और इसके चिह्न युगों तक नहीं मिटाए जा सकेंगे। आगे आने वाले वर्षों में बड़ी व महान घटनायें घटने वाली हैं। मेरी ख्वाहिश थी कि विश्व इतिहास की घटनाओं को मुझे जेल की सीखचों में रहकर प्रशंसा करने पर मजबूर न होना पड़े।"[20]

इसी बीच लेनिन को जर्मनी के साथ ब्रीस्ट-लीतोव्स्क संधि के लिए काफी आलोचना झेलनी पड़ी। रोजा लक्जमबर्ग रूस में घट रही घटनाओं को लेकर बेहद सशंकित थीं। अंततः रूसी क्रांति को लेकर अपने विचारों को उन्होंने पुस्तक के रूप में प्रकाशित करने का निर्णय लिया जिसमें उन्होंने कई बिंदु उठाए। प्रमुख बिंदु थे– बोल्शेविकों की भूमि-नीति, राष्ट्रीयता का सवाल, संविधान सभा व सार्विक मताधिकार, प्रेस की स्वतंत्रता, आदि।

बोल्शेविकों द्वारा किसानों में भूमि बाँटे जाने की परिघटना के बारे में रोजा ने कहा "भूमि पर कब्जा और किसानों में उसका वितरण समाजवाद को उल्टी दिशा में ले जाएगा। यह सुधार कोई समाजवादी पहलकदमी तो नहीं है बल्कि कृषि संबंधों में समाजवादी रूपांतरण की दिशा में अकल्पनीय बाधायें खड़ी कर देगा। लेनिन के कृषि के कार्यक्रम ने देहातों में क्रांति विरोधियों के कई स्तर पैदा कर दिए हैं। और भविष्य में इनके द्वारा जो प्रतिरोध खड़ा किया जाएगा वो पुराने कुलीन जमींदारों के मुकाबले कहीं अधिक ताकतवर होगा।"

रोजा द्वारा उठाई गई ये आशंकायें कितनी सही थीं इसे 1925 से शुरू हुई कृषि के जबरन सामूहिकीकरण ने बड़े पैमाने पर हिंसा को जन्म दिया।

जार्ज लुकाच और रोजा लक्जमबर्ग ने रूसी क्रांति-संबंधी विचारों की छानबीन की। रोजा के बोल्शेविकों के कृषि कार्यक्रम-संबंधी उनकी आलोचना के प्रतिउत्तर में लुकाच कहते हैं "कृषि प्रश्न का समाधान चुनने के बारे में बोल्शेविकों के हाथों में जितनी शक्ति थी रोजा ने उसे बढ़ा-चढ़ाकर आँका था। कृषि क्रांति एक विद्यमान तथ्य थी और बोल्शेविकों की, बल्कि सर्वहारा तक की इच्छा से पूरी तरह स्वतंत्र थी। किसानों ने किसी भी हालत में, अपने वर्गीय हितों की फौरी अभिव्यक्ति के अनुसार आपस में जमीन बाँट ली होती और अगर बोल्शेविक उसका विरोध करते तो इस स्वतःस्फूर्त आंदोलन ने उसी तरह उनके कदम उखाड़ दिए होते जिस तरह उसने मेंशेविकों और समाजवादी क्रांतिकारियों के उखाड़ दिए थे।"[21]

लुकाच साथ में यह भी जोड़ते हैं "उनके सामने मात्र एक ही विकल्प था– या तो सर्वहारा क्रांति के हक में स्वतःस्फूर्त किसान आंदोलन की बन्धनमुक्त ऊर्जाओं को लामबंद करना या फिर खुद को किसानों के विरोध में खड़ा करके सर्वहारा को निराशाजनक सीमा तक अलग-थलग डाल देना और इस तरह प्रतिक्रांति की जीत में सहायता पहुँचाना।"[22]

ठीक इसी प्रकार बोल्शेविकों द्वारा संविधान सभा भंग किए जाने की कार्रवाई और प्रेस की आजादी के संबंध की भी रोजा लक्जमबर्ग ने तीखी आलोचना की। "सोवियत शासन ने प्रेस की स्वतंत्रता, संगठन और समूह बनाने का अधिकार सभी गैरकानूनी करार कर दिए। जबकि यह सर्वविदित तथ्य है कि बिना एक स्वाधीन, मुक्त प्रेस और संघ व सभा बनाने के अधिकार के जनता के व्यापक आधारों की भूमिका अकल्पनीय है।"

रोजा लक्जमबर्ग ने लेनिन के वक्त में ही इस बात की चेतावनी दी थी। "'डेमोक्रेटिक सेंट्रलिज्म' नामक संगठन का यह स्वरूप, जो एक अवैध, अंडरग्राउंड संगठन के बतौर काम करने वाला स्वरूप है, दूसरी परिस्थिति में संगठन का यह स्वरूप अंततः पतित होकर एक निरंकुश तानाशाही में परिवर्तित होकर रह जाएगा।"

रोजा के इन शब्दों से मानो लगभग 50 साल बाद ख्रुश्चेव द्वारा स्टालिन काल के बारे में कहे गए कथनों की भविष्यवाणी हो।

रोजा लक्जमबर्ग ने लोकतंत्र व समाजवाद को एक-दूसरे से अभिन्न रूप से जुड़ा होना बताया था। वो वैसी क्रांतिकारी नेता न थीं जो असहमति या लोकतांत्रिक बहस-मुबाहिसे को सत्ता की राह में बाधक समझता हो। समाजवाद, लोकतंत्र कोई ऐसी चीज नहीं है जिसे हम समाजवादी अर्थव्यवस्था के आने के पश्चात स्थापित किया जाए। लोकतंत्र को सत्ता की प्राप्ति के वक्त से ही लागू होना चाहिए।

वो इस बात को समझती थीं कि क्रांति के बाद परिस्थितियों की सीमायें क्या हैं लेकिन ऐसी कोई भी बात जो मानवीय गरिमा को ठेस पहुँचाए रोजा लक्मजबर्ग को स्वीकार नहीं थी। क्रांति के बाद क्या किया जाना चाहिए इसे लेकर रोजा ने स्पष्ट नैतिक रूपरेखा को भी सामने रखा। मानवीय मुक्ति के सवाल को नौकरशाही कैद में चले जाना या उसके भेंट चढ़ जाना उन्हें गँवारा न था।

स्वतंत्रता को लेकर रोजा की आलोचना के जवाब में लुकाच की टिप्पणी दृष्टव्य है "स्वतंत्रता अपने-आप में कोई जीवन-मूल्य नहीं है। (समाजीकरण से अधिक तो नहीं ही है।) स्वतंत्रता सर्वहारा के शासन की सेविका होनी चाहिए, इसके विपरीत स्थिति नहीं होनी चाहिए।" लुकाच यह भी सवाल उठाते हैं कि "स्वतंत्रता को एक प्रतिक्रांतिकारी नहीं, क्रांतिकारी भूमिका दी जाए।"[23]

इसी प्रकार राज्यसत्ता की भूमिका के बारे में लुकाच का विचार है "क्रांति को और आगे विकसित करने के लिए तथा इस ज्ञान में पूरे विश्वास के साथ कार्य करते हुए सभी हालात में राजसत्ता की ताकत को अपने हाथों में बनाए रखने के लिए अपने पास मौजूद सभी साधनों का उपयोग करना सर्वहारा के लिए आवश्यक है।"[24]

अंत में लुकाच बहस का समापन एंगल्स को उद्धृत करते हुए करते हैं "सर्वहारा जब राजसत्ता का उपयोग करता है, स्वतंत्रता के हित में नहीं बल्कि अपने विरोधियों को दबाकर रखने के लिए करता है।"[25]

हालाँकि रूसी क्रांति के बारे में रोजा के विचारों में बाद में परिवर्तन आए। रोजा जब जेल से बाहर आईं तो उन्हें लगा कि रूसी क्रांति के बारे में उनके विचार थोड़े एकतरफा ढंग के थे और उन्होंने अपने विचारों में परिवर्तन लाए। रोजा की अभिन्न मित्र व सहयोगी क्लारा जेटकिन ने लांकतांत्रिक तकाजों पर रोजा की ओलाचना को "जनतंत्र की अमूर्त अवधारणा से प्रेरित बताया।" बकौल क्लारा जेटकिन "रोजा लक्जमबर्ग ने अपने पैंफलेट में रूसी क्रांति के बारे में जो कहा है उसके विचार नवंबर 1918 के बाद उसकी मृत्यु तक वही नहीं थे।"

लेकिन रोजा ने एक बेहद महत्त्वपूर्ण बात इस दरम्यान यह भी कही कि रूस

में बोल्शेविकों द्वारा जो गलतियाँ की गईं वो दरअसल जर्मनी में क्रांति न हो पाने का फलितार्थ है। रूस की इस परिस्थिति में जाने के लिए जर्मनी की पार्टी और यहाँ क्रांति न हो पाना है। यानी रोजा ने रूस की गड़बड़ियों के लिए जर्मनी की ही खिंचाई की।

इसलिए वो लेनिन और ट्राटस्की की इस बात से सहमत थीं कि रूसी क्रांति को यदि यूरोपीय सहारा मिल जाए यानी जर्मनी में क्रांति हो जाए तो उससे टिकने में काफी सहूलियत होगी।

जर्मन क्रांति और रोजा लक्जमबर्ग

उधर विश्वयुद्ध में ऐसा प्रतीत होने लगा था कि जर्मनी हार जाएगा। वेस्टर्न फ्रंट पर उसकी हालत पतली होने लगी। इसी दौरान जर्मनी में भी नवंबर 1918 में क्रांति का प्रारंभ हो गया। रूसी क्रांति की लेनिन के अनुमान के मुताबिक ही जर्मनी में भी क्रांति की शुरुआत हो गई। वैसे भी जर्मनी एक रूस के मुकाबले काफी विकसित देश था। जर्मनी में मजदूर व क्रांतिकारी आंदोलन की समृद्ध विरासत थी।

उसी वक्त जर्मनी के किएल शहर में नाविकों का विद्रोह शुरू हो गया। अपनी झूठी शान की खातिर जर्मन सेना के उच्च अधिकारियों ने एक तरह से बेहद खतरनाक मिशन पर जर्मन नाविकों को भेजना चाहा। जर्मन नाविकों ने इनकार कर युद्धपोतों व जहाजों पर लाल झंडा फहरा दिया। सिर्फ सेना के स्वाभिमान की रक्षा के लिए अपनी जान गँवाना उन्हें मंजूर नहीं था।

बर्लिन सहित जर्मनी के कई शहरों, मजदूरों व सैनिकों की परिषदें कायम होने लगीं। बर्लिन में 9 नवंबर, 1918 को ये परिषदें गठित हो गईं। एक तरफ स्वतःस्फूर्त ढंग से बनने वाले परिषद थे तो दूसरी तरफ राजतंत्र का प्रतिनिधि विलियम कैसर को इस्तीफा देने पर मजबूर किया गया। संसद को बहाल किया गया। अब सरकार एस.पी.डी. की बन गई। तो इस तरह दो सत्ता-केंद्रों का उदय हो गया। ठीक ऐसा ही रूस में फरवरी क्रांति में हो गया था। एक तरफ सोवियतों की स्थानीय सत्ता थी दूसरी ओर केरेंसकी की केंद्रीय सत्ता थी। फरवरी से लेकर अक्टूबर तक सत्ता किसके पास रहेगी रूस इसी में झूलता रहा। इस संकट का समाधान किसी एक सत्ता की जीत के रूप में होना थी जो अंत में सोवियत सत्ता की जीत के रूप में हुई। जर्मनी भी यहाँ इसी किस्म के उलझन में फँसा था। रोजा उस वक्त जेल में थीं।

मजदूरों व सैनिकों की परिषदों के हाथ में सत्ता तो थी लेकिन उन्हें ठीक से पता न था कि उस सत्ता का क्या करना है?

एस.पी.डी. नेतृत्व जर्मन सैन्य हाई कमांड के साथ मिलकर इस जुगत में

लगे थे कि कैसे इस इंकलाबी उभार को दबाया जाए और बुर्जुआ सत्ता को कैसे सशक्त बनाया जाए।

एस.पी.डी. के नेतागण एबर्ट, नोस्के, शेडमान आदि को मजदूरों के प्रति हिकारत थी। एबर्ट से एक बार किसी ने पूछा कि क्या आप क्रांति का समर्थन करते हैं? उसका जवाब था "वो क्रांति से ठीक वैसे ही नफरत करता है जैसे प्लेग और पाप से नफरत करता है।"

1916 में बनी 'स्पार्टाकस लीग' लेनिनवादी अर्थों में पार्टी न होकर समान विचार वाले लोगों का नेटवर्क था। एक पार्टी बनाने की आवश्यकता महसूस होने लगी।

'स्पार्टाकस लीग' ने अब खुद ही काँग्रेस बुलाई और इस प्रकार दिसंबर के अंत में कम्युनिस्ट पार्टी का निर्माण हुआ जिसका नाम था के.पी.डी.। 29 दिसंबर, 1918 को के.पी.डी. का गठन हुआ। गठन में 127 डेलीगेट थे, उनमें से ज्यादातर नौजवान, उत्साही, साहसी, क्रांतिकारी पर साथ ही अतिवामपंथी भी। इन डेलीगेटों में तीन-चौथाई 35 साल से कम के थे और मात्र एक सदस्य 50 साल से ऊपर का था। के.पी.डी. ने जनवरी में होने वाले नेशनल एसेंबली के चुनावों का बहिष्कार करने का फैसला किया।

रोजा लक्जमबर्ग की राय के विपरीत 62 के मुकाबले 23 मतों से बहिष्कार का फैसला हो गया। रोजा इस मौके का फायदा उठाना चाहती थी, अपनी बात मजदूरों के बीच ले जाने के लिए। बड़ी संख्या में मजदूर पहली बार सार्वजनिक व राजनीतिक जीवन में आ रहे हैं। ऐसे लोगों को क्रांति के दौरान के रोज-ब-रोज के जीवंत अनुभवों के माध्यम से स्पष्ट करना था कि सैनिकों और मजदूरों की सत्ता क्यों आवश्यक है? लेकिन युवाओं का बहुमत इतना अल्ट्रालेफ्ट था कि वो ट्रेड यूनियनों में एस.पी.डी. के वर्चस्व के कारण उससे बाहर आने की वकालत करने लगा। जबकि मजदूरों का भरोसा ट्रेड यूनियनों पर बढ़ता जा रहा था। ट्रेड यूनियन मजदूरों के लिए सबसे बुनियादी संगठन होता है। नवंबर के पहले ट्रेड यूनियनों की सदस्यता 15 लाख थी जो बढ़कर दिसंबर के अंत में 22 लाख और 1919 के अंत में इतना इजाफा हुआ कि उनकी संख्या बढ़कर 73 लाख हो चुकी थी। मजदूरों को अपनी बातें कहने के लिए ट्रेड यूनियनों की आवश्यकता थी और वे बड़ी संख्या में इसमें शामिल हो रहे थे, जबकि नयी बनी कम्युनिस्ट पार्टी के अतिवामपंथी युवा एस.पी.डी. नेतृत्व के रिएक्शनरी होने की बात कह ट्रेड यूनियनों से बाहर होते चले गए।[26]

नयी बनी पार्टी की दिक्कत ये थी कि उनके पास ऐसे लोगों का अभाव था जिनका जर्मनी के मजदूरों से सीधा लगाव हो। क्रांति आगे बढ़ रही थी लेकिन

साथ ही प्रतिक्रांतिकारी शक्तियाँ भी संगठित हो रही थीं। प्रतिक्रांतिकारी ताकतों ने क्रांतिकारियों की क्षमता का अंदाजा लगाने के लिए जर्मनी के मजदूरों के सबसे रैडिकलाइज्ड हिस्से को उत्तेजित करना शुरू कर दिया। रूस में भी जुलाई में कुछ-कुछ ऐसा ही हो रहा था।

लेकिन नौजवान नेताओं के अल्ट्रा लेफ्ट समझ के कारण इस ऐतिहासिक मौके को गँवा दिया गया। फलतः वे मजदूरों से अलगाव में पड़ गए।

बर्लिन का पुलिस चीफ, एमिल इखौर्न, जो यू.एस.पी.डी. का समर्थक था, को सरकार ने हटाने का फैसला कर मजूदरों को उकसाया। प्रतिक्रिया में लगभग 5 लाख मजदूर बर्लिन की सड़कों पर इसके खिलाफ उतर गए। मजदूर आगे की कार्रवाई के लिए नेताओं के इशारे का इंतजार करते रहे। इधर नेतागण आगे क्या करना है इसे लेकर अनिर्णय की स्थिति में रह गए और मौका हाथ से निकल गया।

के.पी.डी. के नेतागण सोच रहे थे कि यदि कुछ रैडिकल कदम उठाया तो बर्लिन के मजदूर जर्मनी के बाकी जगहों के मजदूरों से अलग-थलग पड़ जाएँगे और आसानी से उनका दमन कर दिया जाएगा। यहाँ थोड़ा ठहरकर पीछे हटना था और फिर जर्मनी के बाकी मजदूरों को गोलबंद कर फिर ताकत से प्रहार करना था। रूस में भी नवंबर क्रांति के पहले जुलाई में ऐसा ही हुआ था। मजदूरों को उकसाया गया लेकिन नेतृत्व ने इसे भाँप लिया और मजदूरों को ये धैर्यपूर्वक समझा पाने में सफल रहे कि अभी निर्णायक चढ़ाई का सही समय नहीं आया है। वो वक्त आया था नवंबर में, 7 नवंबर को।

जर्मनी में कम्युनिस्ट पार्टी के.पी.डी. के साथ समस्या ये थी कि उनके पास कोई ऐसा संगठन न था जिससे वो अपनी बातें मजदूरों के सभी हिस्से तक पहुँचा सकें। के.पी.डी. के नेता कार्ल लीब्नेख्त का कोई संपर्क नहीं था, खासकर मजदूरों के नीचे के हिस्से से। ऐसी परिस्थिति में समस्या रहती है कि मजदूरों का अधिक रैडिकलाइज्ड हिस्सा यदि आगे बढ़ जाता है तो उसके शेष हिस्से से अलगाव में पड़ जाने का खतरा उपस्थित हो जाता है। चूँकि कोई संगठन न था इस कारण इन लोगों को परिस्थितियों का अंदाजा ही नहीं था। क्रांति में हमेशा आगे ही नहीं बढ़ा जाता है कई दफा थोड़ा पीछे हटकर अपनी ताकत का इकट्ठा कर पूरी शक्ति से प्रहार किया जाता है। उधर एस.पी.डी. सरकार ने प्रतिक्रांतिकारी ताकतों को कम्युनिस्ट पार्टी विशेषकर उसके नेतृत्व को समाप्त करने में जुट गई।[27]

उधर एस.पी.डी. सरकार ने प्रतिक्रांतिकारी ताकतों को कम्युनिस्ट पार्टी विशेषकर उसके नेतृत्व को समाप्त करने में जुट गई। बड़े पैमाने पर हत्या की गई। 'उधर नोस्के द्वारा गठित फ्रीकॉरप्स' रोजा लक्जमबर्ग और कार्ल लीब्नेख्त को ढूँढ़ रही थी। पर्चे निकालकर इन दोनों नेताओं की हत्या की खुलेआम अपील की

जाने लगी थी। क्रांति को पीछे धकेलकर बर्लिन में व्यव्यस्था को बहाल किया गया।

रोजा को पता था कि 'फ्रीकॉरप्स' पिछले कई दिनों से तलाश कर रही है। अपने खिलाफ हो रही साजिश से वे पूरी तरह वाकिफ थीं। कार्ल लीब्नेख्त को मारने का एक प्रयास पहले ही हो चुका था। वह हर रात अपने रहने के ठिकाने बदल रही थीं। कई शुभचिंतकों ने रोजा को बर्लिन छोड़ कहीं बाहर जाने की भी सलाह दी। लेकिन रोजा ऐसे मौकों पर बर्लिन के मजदूरों को छोड़ना नहीं चाहती थीं। अंततः 15 जनवरी, 1919 को वह और कार्ल लीब्नेख्त दोनों पकड़े गए।

इस प्रकार जर्मन क्रांति को हार का सामना करना पड़ा। इन दोनों की हत्याओं के साथ ही क्रांतिकारी उभार का मानो सर कलम कर दिया गया। कुछ ही महीने बाद लियो जॉगीचेज भी मार दिए गए। मरने से पूर्व अपने अंतिम लेख 'ऑर्डर प्रिवेल्स इन बर्लिन' में रोजा हार के बीच भी वो भविष्य के प्रति आशा से भरी हैं "बर्लिन में शांति-व्यवस्था कायम हो चुकी है। इसे गुलाम और मूर्ख बर्लिन ने जारी किया है। लेकिन उसे यह नहीं मालूम कि यह पूरा शासन और शांति-व्यवस्था रेत के ढेर पर टिका है। क्रांति लड़ती हुई फिर उठेगी और चुनौती देती हुई कहेगी– मैं थी, मैं हूँ और रहूँगी।"[28]

रोजा के अनुमान के अनुकूल पहले 1921 में, बाद में 1923 में जर्मनी में क्रांतिकारी लहर उठी लेकिन सफल न हो सकी। इसी असफलता ने बाद में हिटलर के नाजीवाद के लिए रास्ता तैयार किया।

रोजा लक्जमबर्ग को संभवतः अपने अंत का अंदाजा था। फिर भी उसने बर्लिन के मजदूरों का साथ नहीं छोड़ा। अपनी संभावित मौत व राजनीतिक पराजय को उन्होंने पहले देख लिया था। जैसा कि जॉर्ज लुकाच 'रोजा लक्जमबर्ग का मार्क्सवाद' शीर्षक अपने लेख में कहते हैं– "सैद्धांतिक स्तर पर रोजा लक्जमबर्ग ने जनवरी में हुई क्रांतिकारी बगावत की पराजय का अनुमान, असलियत में उसके घटने के, वर्षों पहले कर लिया था। कार्यनीतिक स्तर पर भी उन्हें असली कार्रवाई के क्षणों में भी अपनी इस अवश्यंभावी हार का अहसास था। फिर भी वह जनता के साथ रही और उसकी स्वाभाविक व त्रासद नियति को झेला। अर्थात उनके कार्यों में सिद्धांत व व्यवहार की एकता बनी रही। ठीक यही वो कारण थे जिसने उन्हें सामाजिक जनवाद अवसरवादी हत्यारों का शिकार बनाया।"[29]

संगठन बना पाने की असफलता थी हार की प्रमुख वजह

रोजा ने क्रांतिकारी विचारों की अवश्य रक्षा की, लेकिन उसने कुछ गंभीर गलतियाँ भी कीं। सबसे बड़ी गलती मार्क्सवादी कैडर आधारित पार्टी का निर्माण कर पाने में असफल होना। आप आंदोलन या क्रांति के दौरान संगठन का निर्माण

नहीं कर सकते। क्रांति नवंबर 1918 में शुरू हुई और कम्युनिस्ट पार्टी का निर्माण होता है उसके दो महीने के बाद।

जब लेनिन ने 1903 में लिखा कि संगठन बनाने का काम कैसे किया जाए उस समय रोजा ने लेनिन की खिंचाई की कि वो केंद्रीकरण के समर्थक हैं, जो तख्तापलट में भरोसा करते हैं, जनांदोलन में यकीन नहीं रखते। मजदूरों के स्वतःस्फूर्त पहलकदमियों का ख्याल नहीं रखते, आदि-आदि। यदि उसने लेनिन की आलोचना की तो उसे कम-से-कम अपने विचारों के आधार पर संगठन का तो निर्माण करना चाहिए था? उसे एस.पी.डी. के अंदर मार्क्सवादी कैडर आधारित संगठन बनाना चाहिए था। लेकिन रोजा का भय था कि इससे संगठन में टूट हो जाएगी।

रोजा एक बड़ी व प्रभावशाली नेता के रूप में स्थापित हो चुकी थी। लेकिन यदि आपके पास संगठन नहीं है तो आप अपने विचारों को दूर तक नहीं पहुँचा सकते। आप क्रांति के बीच में ऐसे अनुभवहीन लोगों के सहारे क्रांति के दौरान भरोसा नहीं कर सकते जो सिर्फ विचार करते रहते हों और इन्हें इस बात की समझ ही नहीं होती कि आगे कैसे आगे बढ़ना है। ट्राटस्की ने जर्मन क्रांति के हार के कारणों पर विचार करते हुए कहा था कि जर्मन क्रांति रूसी क्रांति से क्या सीख सकती थी वो ये है कि आपको एक समय के खास अंतराल में अपनी तैयारी पूरी करनी पड़ती है यदि उस वक्त आपने पहलकदमी न की तो फिर आप काफी पीछे रह जाएँगे और क्रांति पीछे जाकर असफल हो जाएगी। आपको अनुभवी, तपे-तपाए लोगों की आवश्यकता होती है। ऐसे लोग जो झंझावात से भरे समय में आगे बढ़ने की तरकीबें जानते हों। बोल्शेविकों ने कई गलतियाँ करके संगठन का महत्त्व समझा और उसे बनाए रखा।[30]

जो काम लेनिन ने समय रहते रूस में कर लिया उसमें रोजा चूक गईं। इस मामले में रोजा के संगठन संबंधी विचार भी कुछ हद तक जिम्मेवार हैं। रोजा को सचेत संगठन के बजाय जनता की स्वतःस्फूर्तता पर अधिक भरोसा था। इसे लेकर लेनिन से उनकी काफी बहस भी हुई। जैसा कि लुकाच बताते हैं "लेनिन और रोजा लक्जमबर्ग के विरोध की अतीत में बड़ी गहरी जड़ें थीं। जैसा कि सब जानते हैं, संगठन के सवाल पर मेंशेविकों और बोल्शेविकों के पहले टकराव के दौरान रोजा लक्जमबर्ग बोल्शेविकों के खिलाफ खड़ी थीं। उनका विरोध राजनीतिक कार्यनीतियों से नहीं, शुद्ध रूप से संगठन संबंधी विचारों से प्रेरित था।"[31]

लुकाच आगे यह भी जोड़ते हैं "राजनीतिक और सैद्धांतिक स्तर पर अवसरवाद का सामना करने की आवश्यकता पर लेनिन और रोजा लक्जमबर्ग एकमत थे। उनका टकराव इस प्रश्न के उत्तरों के निहित था कि सर्वहारा की क्रांतिकारी पार्टी

के अंदर अवसरवाद विरोधी अभियान एक बौद्धिक संघर्ष के रूप में चलाया जाए या नहीं और क्या उसका समाधान संगठन के स्तर तक ले जाया जाए। रोजा लक्जमबर्ग इस दूसरे विचार का विरोध करती है। सबसे पहले तो इसलिए कि वे मजदूर आंदोलन में क्रांतिकारी भावना की जमानत के रूप में संगठन के प्रश्नों को बोल्शेविकों द्वारा दिए गए केंद्रीय महत्त्व को अतिशयोक्तिपूर्ण मानती है। वे इस विपरीत विचार की समर्थक हैं कि वास्तविक क्रांतिकारी भावना जनता की स्फूर्त कार्रवाइयों में खोजी जानी चाहिए और वहीं मिलेगी भी। जनता के विपरीत केंद्रीय पार्टी संगठनों की हमेशा एक रूढ़िमुखी और बाधक भूमिका होती है।"[32]

"रोजा संगठन के रूप को ऐसी वस्तु मानती हैं जो बनाई नहीं जाती, बल्कि विकसित होती है। 'सामाजिक जनवादी आंदोलन' में संगठन भी... वर्ग-संघर्ष की एक ऐतिहासिक उपज होता है और उसमें सामाजिक जनवाद को केवल राजनीतिक चेतना का समावेश करना होता है"[33]

"वे लेनिन के खिलाफ अपनी बहस का अंत इन शब्दों से करती हैं "अच्छा हो हम दो टूक बातें करें। ऐतिहासिक दृष्टि से एक सच्चे क्रांतिकारी आंदोलन द्वारा की गई गलतियाँ बेहतरीन संभव 'केंद्रीय कमिटियों' की अनुल्लंघनीयता से अनन्त गुणा अधिक फलदायी और मूल्यवान रही है।"[34]

लेनिन से तमाम मतभेदों के बाद भी लेनिन के मन में रोजा के लिए काफी सम्मान था। रोजा को श्रद्धांजलीस्वरूप कहे गए उनके शब्द आज भी याद किए जाते हैं। लेनिन ने कहा कि रोजा ने कई गलतियाँ कीं लेकिन इन गलतियों के बाद भी वो रूसी कहावत के उस बाज की तरह थीं "जो संभव है कभी-कभी मुर्गियों की तरह नीचे जाकर उड़ रहा हो लेकिन मुर्गी कभी भी बाज की तरह की ऊँचाई नहीं प्राप्त कर सकता है।"

यदि रोजा लक्जमबर्ग मारी नहीं जाती तो संभव है क्रांतिकारी उभार पर उसकी पकड़ बन सकती थी। यदि जर्मनी में क्रांति सफल हो गई होती तो परिस्थितियाँ बिल्कुल भिन्न होतीं। जर्मनी औद्योगिक रूप से काफी आगे बढ़ा हुआ देश था। जहाँ यूरोप का सबसे सशक्त मजदूर संगठन व आंदोलन था, जहाँ क्रांतिकारी आंदोलन की रवायत थी। जर्मनी में इंकलाब होने पर संभव है पूरा यूरोप कम्युनिस्ट रास्ते पर चला जाता। जर्मनी में क्रांति का क्या महत्त्व था इस बात को लेनिन की इस उक्ति से समझा जा सकता है जिसमें वो कहते हैं "जर्मनी में क्रांति सफल होने के लिए मैं रूसी क्रांति को दांव पर लगा सकता हूँ।"[35]

जर्मन क्रांति की असफलता अब इतिहास की वस्तु बन चुकी है। लेकिन उसकी असफलताओं से भी काफी कुछ सीखा जा सकता है। जैसा कि रोजा खुद कहा करती थी "इतिहास की घटनाओं को सिर्फ वर्तमान पीढ़ी के नफा-नुकसान के

दायरे में नहीं देखना चाहिए बल्कि भविष्य में उसके अनुभवों से आने वाली पीढ़ियों को मिलने वाले सबक के रूप में देखना चाहिए। उनका तर्क था कि सामाजिक संघर्ष वह बौद्धिक संपदा होती है जो आने वाली पीढ़ियों को अपने संघर्ष चलाने के लिए रास्ता दिखाती है।"[36]

कला, संस्कृति के बारे में रोजा

निजी जीवन में रोजा थोड़ी एकांतप्रिय थी। साहित्य व कला, संगीत की दुनिया से भलीभाँति वाकिफ थी। शास्त्रीय संगीत के महान नामों - मोचार्ट और बीथोवन- से रोजा भलीभाँति परिचित थी। टिटयन और रेम्ब्रां उनके पसंदीदा चित्रकारों में से थे। गोयथे, दोस्तोव्स्की व कोरोलेंको उनके प्रिय साहित्यकार थे। रोजा ने कोरोलेंको की एक किताब की भूमिका भी लिखी थी।

रोजा राजनीति को कोई कलात्मक छूट देने की पक्षधर नहीं थी। कला को राजनीतिक उद्देश्यों के लिए इस्तेमाल करने की बजाय वो कला को उसके अपने स्वायत्त रूप से विकसित देने की पक्षधर थी। जो कई मायनों में अधिक बड़ी व महत्त्वपूर्ण भूमिका निभाती है। उनके अनुसार कला जितनी अधिक उन्नत होगी उसका राजनीतिक प्रभाव उतना ही गहरा पड़ेगा, सभ्यता उतनी ही अधिक आगे बढ़ेगी।[37]

रोजा लक्जमबर्ग अंतरराष्ट्रीय समाजवादी आंदोलन की प्रमुख चेहरा थी। जिसकी क्रांति व न्याय के लिए उसकी चाहत ने बहुतों को आकर्षित किया था। अंतरराष्ट्रीयतावाद उनके लिए जीवन-दर्शन की तरह था।

उनकी भावना को अपनी एक मित्र को लिखे चिट्ठी की इन पंक्तियों से समझा जा सकता है "अनंत का उदात्त मौन, बहुत सारी चीखों की अनसुनी ध्वनियों की अनुगूँजें, मेरे भीतर इतनी मजबूती से घर कर गई हैं कि मुझे किसी खास जगह या बस्ती के लिए खास लगाव नहीं हो पाता। दुनिया में जहाँ कहीं भी बादल, चिड़िया और लोगों के आँसू हों मुझे वहीं घर जैसा लगता है।"[38]

संदर्भ

1. Peter Nettl, *Rosa Luxemburg*, Aakar Books, 2017, p. 503.
2. Ibid., p. 519.
3. Ibid, p. 511.
4. Ibid, p. 139.
5. Rosa Luxemburg, *Reform and Revolution*, www.marxist.org.
6. Pater Nettl, *Rosa Luxemburg*, Aakar Books, p. 132.
7. Ibid, p. 132.
8. Ibid, p. 409.
9. जार्ज लुकाच, *इतिहास और वर्ग चेतना* (*History and Class Consciousness*),

प्रकाशन संस्थान, 2014, p. 89.
10. Ibid., p. 88.
11. Prabhat Patnaik, The Concept of Primitive Accumulation of Capital, *Marxist* [Theoratical Quarterly of the Communist Party of India (Marxist)], Oct-Dec, 2017, p. 12.
13. Irfan Habib, Towards a Political Economy of Colonialism, *Social Scientist*, 526-527, March-April, 2017, p. 12.
14. Amiya Kumar Bagchi, *Social Scientist*, 526-527, March-April, 2017, p. 88.
15. *Liberate the Colonies, Communism and Colonial Freedom, 1917-1924*, Edited by John Ridell, Vijay Prasad and Nazeef Mollah, Leftword, 2019, p. 63.
16. जार्ज लुकाच, *इतिहास और वर्ग चेतना (History and Class Consciousness)*, प्रकाशन संस्थान, 2014, p. 90
17. *Liberate the Colonies, Communism and Colonial Freedom, 1917-1924*, Edited by John Ridell, Vijay Prasad and Nazeef Mollah, Leftword, 2019, p. 13
18. मधु मृणालिनी, *रोजा लक्जमबर्गः स्त्री मुक्ति और समाजवाद का संघर्ष*, संवाद प्रकाशन, 2015, p. 101.
19. Peter Nettl, *Rosa Luxemburg*, Aakar Books, 2017, p. 431.
20. *जार्ज लुकाच, इतिहास और वर्ग चेतना (History and Class Consciousness)*, प्रकाशन संस्थान, 2014, p. 333.
21. वही, p. 334.
22. वही, p. 350.
23. वही, p. 352.
24. वही, p. 353.
25. www.Marxist.com/Rosa Luxemburg and- the- 1918-german revolution.
26. Ibid.
27. Ibid.
28. मधु मृणालिनी, *रोजा लक्जमबर्गः स्त्री मुक्ति और समाजवाद का संघर्ष*, संवाद प्रकाशन, 2015, p. 115.
29. जार्ज लुकाच, *इतिहास और वर्ग चेतना (History and Class Consciousness)*, प्रकाशन संस्थान, 2014, p. 101.
30. www.Marxist.com/Rosa Luxemburg and- the- 1918-german revolution.
31. वही, p. 344.
32. वही.
33. वही, p. 345.
34. वही, p. 347.

35. www.Marxist.com/Rosa Luxemburg and- the- 1918-german revolution.
36. मधु मृणालिनी, *रोजा लक्जमबर्गः स्त्री मुक्ति व समाजवाद का संघर्ष*, संवाद प्रकाशन, p. 113.
37. Peter Nettl, *Rosa Luxemburg*, Aakar Books, 2017, p. 18.
38. Ibid., p. 517.

3

Rethinking Democracy and Socialism Through the Lens of Rosa Luxemburg

Peter Hudis

Two challenges confront efforts at social transformation today: the effort to undermine and destroy political democracy, and the failure of the socialist movement to promote a viable alternative to capitalism. The crisis facing political democracy is not hard to see: it is being undermined by figures ranging from Orbán to Erdogen, from Bolsonaro to Netanyahu, from Boris Johnson to Trump. Never before have we seen such a concerted effort to subvert the vestiges of democratic liberties by so many powers, large and small. The crisis facing socialism is also not hard to see: Social Democracy long ago made its peace with "free market" capitalism, while every one of the putatively "Marxist-Leninist" regimes mutated into one or another form of state-capitalism. An *emancipatory* alternative to capitalism that can capture the allegiance of masses of people seems virtually out of sight. In what way are these two problems related, and what theoretical and practical sources can we turn to in the effort to deal with them?

In many respects, today's crisis of political democracy is a result of the absence of a viable socialist alternative. Social Democracy sought to advance socialism through parliamentary means, but over time finding a home within the existing state proved more attractive than challenging capitalism. By the 1990s it capitulated to neoliberalism—just in time for neoliberalism to become discredited by the 2008 global financial crisis. The failure of neoliberal globalism has now led a section of the ruling class to drop the veneer of civility by moving towards direct authoritarian rule in order to protect its economic power and privileges. Around the world, the "political middle" is coming apart, as ruling interests embrace the most xenophobic, racist, and misogynist politics imaginable. Nowhere is this truer than in the United States, where Donald Trump has succeeded in transforming the Republican Party from an advocate of free trade and globalism into the most openly nationalist, xenophobic, anti-free trade party in its history—all in the course of 18 months. These regressive developments could not have so rapidly unfolded if a leftist alternative to the crisis of neoliberalism existed during and after the 2008 global financial crisis. One reason it was missing is that the very idea of socialism has become discredited by the failures of the statist "socialist" regimes to overcome the fundamental deficiencies of capitalism. The void in articulating an emancipatory alternative to capitalism, at a moment when masses of people are experiencing increased insecurity, precarity, and alienation, has enabled all sorts of morbid symptoms to appear.

These developments raise a host of difficult questions. Does the growing threat of the Right mean that efforts to save liberal democracy must take priority, even if it means setting aside for now the promotion of explicitly socialist politics? Or is the crisis of democracy a reflection of the bankruptcy of capitalism, rendering quixotic any opposition that fails to promote an explicitly socialist agenda? These issues are being actively debated by a new generation of activists and theorists who have come of age in the era of Trump, Bolsonaro, and Modi. In the US, a recent poll disclosed that 55 per cent of those under age 30 prefer "socialism" to "capitalism." Socialist organizations are growing rapidly; one, the Democratic Socialists of America, rose from 3,000 to 55,000 members in the last three years. Numerous anti-racist, feminist, and immigrant rights groups have formed as well, involving tens of thousands who were not active in politics a decade ago.

These developments place back onto the agenda such questions as: What exactly *is* socialism? Is it a fair redistribution of the social product, or is it about much more? What exactly *is* democracy? Is it parliamentary democracy, or is it about much more? And since no successful socialist revolution has yet occurred in a country governed by liberal or bourgeois democracy, is the idea of seizing power by a revolutionary vanguard party outdated? Or does the decay of capitalism's political as well as economic formations indicate that the way forward is to dispense with electoral politics —either through an insurrection that seizes state power or by developing autonomous cooperatives and communities not contaminated by the logic of capital?

The work of Rosa Luxemburg addressess to these questions, even though she lived in a historical moment radically different from ours. Generations of socialists, feminists, and anti-imperialists have turned to her writings, finding in them a source of inspiration. Yet we have suffered from a lack of full access to her body of work. As of a decade ago less than 20 per cent of it was available in English—and much was unavailable in any language, including German, Polish, and Russian (the languages in which they were composed). Even this understates the extent of her work that remains unknown, since in the last few years an additional 1,800 pages of writings in German and 3,000 in Polish have been identified.[1] All these (and more) will appear (in English translation) in the 17-volume *The Complete Works of Rosa Luxemburg* issued by Verso Books.[2] We are therefore the first generation that is in a position to grasp her body of work as a *whole.*

II

I wish to begin with Luxemburg's writings on the 1905 Russian Revolution, which marked a key turning point. It was the first nationwide revolution in which the working class played a leading role. That it occurred in "backward" Russia instead of "advanced" Western Europe made it all the more impressive. She devoted a substantial amount of time and energy analysing and participating in it by going to Warsaw (and subsequently St. Petersburg and Finland) in 1906.

The impact of the 1905-06 Revolution on Luxemburg is well known—especially from her pamphlet *The Mass Strike, The Political Party, and the Trade Unions*. From the moment of its publication in 1906 till her imprisonment for opposing the First World War in 1914, she relentlessly argued that the workers' movement should embrace the new form of revolt central to the 1905 Revolution, the mass strike. The opposition to this from her co-leaders in the German Social-Democratic Party (SPD) has been recounted in innumerable studies. Much less known is that in 1905 she wrote hundreds of pages detailing the revolution as it unfolded before her. It amounts to a veritable *daily* account of a revolution as it was being made.[3] Much of this appeared in *Vorwärts*, the daily newspaper of the SPD Executive, which appointed her chief editor in October 1905.[4] She also published many pieces in the Polish revolutionary press, such as *Czerwony Sztandar*. These mainly consist of short, journalistic articles rather than major theoretical essays. But this does not lessen their importance, since they served as the raw material from which she developed many of her most important theoretical contributions. This is a remarkable development, since relatively few leading Marxist theoreticians produced a day-by-day account of a revolution as it actually unfolded. That Luxemburg did so allows us to grasp the *process* that led her to develop a *distinctive* concept of revolution.

Throughout 1905 she had a keen eye for how the Russian masses created new forms of democratically organized grassroots committees, clubs, unions, and parties to advance the revolution. The *spontaneous* actions of the working class, she held, showed that it was instinctively democratic as well as socialist:[5]

> The first wave of general strike and workers' uprising, which flowed from Petersburg through the entire empire, including through our country, was to a large extent spontaneous. Not in the sense that the workers rose up blindly, without any understanding of what was going on. On the contrary, the slogans and ideas of the struggle, which were circulated widely by Social Democracy, were so much "in the air," were such a natural expression of the workers' needs and had so much entered into the flesh and blood of the proletariat, that the only thing needed was an initial nudge for the entire mass of workers instinctively to rise up to do battle in response to the news from Petersburg.[6]

Here (as elsewhere) she does not counterpoise spontaneity to organization. Political parties, she held, cannot *create* revolutionary upsurges, but they play a crucial role in developing *ideas* that can inspire the masses to rise up against existing conditions. Luxemburg adhered to the need for political organization and "vanguard" parties no less than Kautsky, Lenin or anyone who was part of the Second International. As she put it, "The more effectively and vigorously the revolutionary core succeeds now in building a road for the *party organization* to reach the masses, the quicker the victory and the fewer the casualties we will suffer in the next confrontation with absolutism."[7] However, she differed from many of her fellow socialist leaders, Lenin especially, regarding the *form* of the relation between spontaneity and organization. The proper form, she held, was to *enlighten* the masses rather lecturing them like a schoolmaster:

> No, it is not the organization that comes before everything else, but it is above all the revolutionary spirit of enlightenment! That is much more important... When will you finally learn from the Russian Revolution? There the masses were driven into the revolution; not a trace of union organizations, and yet step-by-step they built and strengthened their organizations in the course of the struggle. The point is that this is a totally mechanical and non-dialectical conception, that strong organizations must always precede the struggle. The opposite is true: organizations are born out of struggle, together with class enlightenment.[8]

During the 1905 Revolution there was no question of confining the struggle within parliamentary channels, since Russia was an absolutist state. *Insurrection* was therefore embraced by all the leftwing parties. But that did not mean they ignored the need for a democratic republic. Luxemburg, like virtually all Marxists of the time, held that since Russia in 1905 lacked the material conditions for socialism, the task was to replace tsarism with bourgeois democracy. However, she held that since the Russian bourgeoisie was weak and indecisive, the task of creating such a republic fell to the proletariat. Her position that the political *form* of the revolution is proletarian while its economic *content* is bourgeois led her to take sharp issue with the Mensheviks and ally herself (in 1906 and 1907) with Lenin's Bolsheviks.

Does this mean Luxemburg thought that a democratic, parliamentary republic would necessarily lead to socialism? Not at all! Earlier, in her 1898 polemic against Bernstein, she stressed that socialism does not "naturally" emerge from constitutional democracy. Nor did she think that democracy is necessary for capitalism. She wrote, "No absolute and universal relation can be constructed between capitalist development and democracy."[9] As she saw it, "The fate of the socialist movement is not bound to bourgeois democracy; but the fate of democracy, on the contrary, is bound to the socialist movement."[10] The notion that democracy is superfluous to the socialist project was anathema to her and those of her generation. But she had no illusions that liberal democracy would enable capitalism to eventually evolve into socialism.

Luxemburg's critique of revisionism and support of mass strikes was at first supported by many SPD leaders, though not always for the right reasons: some recoiled from Bernstein not because they were principled revolutionaries but because they saw the logical conclusion of his position as rendering superfluous the need for their cherished party. However, things began to change after 1906. As the SPD's electoral power grew, even some of her closest allies began to recoil from her insistence that the party prioritize the mass strike over parliamentarism.

From 1896 to 1910, Luxemburg was very close to Karl Kautsky, often referred to as the "Pope of Marxism." He supported her attack on Bernstein and defended her critique of SPD leaders that did not embrace the mass strike. At the time, both seemed to share what is now called the "inside-outside" approach to social transformation: work inside the system by securing seats in parliament, while developing sites of resistance outside of it that can be called upon to fight off the counter-revolution that is bound to emerge when socialists gain enough suppport to seize power. This all changed in 1910, when she submitted an article advocating the mass strike in *Vorwärts*. The paper rejected it on the grounds that the party leadership decided to defer discussing the mass strike till after parliamentary elections. She then submitted it to *Neue Zeit*, edited by Kautsky, who promised to publish it so long as she cut out one paragraph calling for the abolition of the monarchy. With elections approaching, he did not want to risk the party's fortunes on such "radical" demands. Luxemburg was furious and broke off all relations with him—after penning a series of articles making the dispute public. The polemic got even fiercer when shortly afterwards Kautsky refrained from openly opposing Germany's effort to occupy Morocco. She now recognized that Kautsky represented a new form of opportunism—four years before Lenin, Trotsky, or anyone else had his number.

Raya Dunayevskaya argued, "To this day, even those revolutionaries who, armed with hindsight, do see that the dispute between Luxemburg and Kautsky first exposed the abysmal opportunism at the top which ultimately led to nothing short of the party's betrayal, still act as if Luxemburg's presicent stand was 'accidental'"[11]—or even just a personal pique on her part. But it was nothing of the sort. Luxemburg saw that when a party becomes committed to electoral politics and parliamentary representation it inevitably comes to believe that "the goals of a socialist society can and indeed must be promoted through constitutional means."[12] Yet socialism as a new form of social and human relations cannot be created through constititional means, since the state is an expression of the relations of civil society—central to which is the property right of capitalists and their control of the means of production. Political legislation can ameliorate some of the inequities of civil society, but it cannot eliminate them; only a radical uprooting from below by masses of people can do so. She argued, "In effect, every legal constitution is the product of a revolution. In the history of classes, revolution is the act of creation while legislation is the political expression of the life of a society that has already come into being."[13] This is exactly when the young Marx upheld when he stated, "for a new constitution a real revolution has always been required."[14]

It can be argued, in Kautsky's defence, that revolution was not on the horizon in 1910, since *reaction* defined European politics at the time. However, what happened in 1918 when the German Revolution occurred? The SPD was now in power, working to crush efforts for the *socialist* revolution. Kautsky was out of the SPD, having formed the USPD as a centre-left opposition to the SPD. Luxemburg led the *Spartakusbund* and cofounded the German Communist Party (KPD). She proclaimed "All Power to the Soviets"—whereas Kautsky held to the "inside-outside" strategy of aiming for a parliamentary majority (by participating in the National Assembly) and endorsing workers' councils—*but only to the extent* that the latter address factory or local issues. Luxemburg attacked this as "the politics of the swamp"—as a refusal to take decisive action to push for revolution even when the social conditions were ripe for it. In contrast, she argued for "*All* Power to the Soviets" because they represented a thoroughly *democratic* form that makes possible the transition to socialism that a parliamentary approach cannot provide. In doing so she reconnected (perhaps without being aware of it) with Marx's declaration in 1871 that the "non-state form" created by the Paris Communards was the "proper political lever" for effecting the transition to socialism.

III

This is not of mere historical importance. Today a neo-Kautskyan revival is underway in parts of the Left, largely as a reaction to the failure of Leninist strategies of insurrection. Many have assumed over the years that Lenin's appoach in 1917 is *the* model of revolution—including for liberal democracies. Clearly, all efforts to implement this model have failed. Lenin himself may have recognized the futility of such dogmatic "Leninism." As he said only a few months after he came to power in March 1918,

> The revolution [in Western Europe] will not come as quickly as we expected. History has proved this, and we must be able to take this as a fact, to reckon with the fact that the world socialist revolution cannot begin so easily in the advanced countries as the revolution in Russia... In such a country it was quite easy to start a revolution, as easy as lifting a feather. But to start without preparation a revolution in a country in which capitalism is developed and has given democratic culture and organization to everybody, down to the last man—to do so would be wrong, absurd.[15]

Luxemburg never knew that Lenin penned these words, but there is little doubt she would have agreed with them. But she also didn't think that Lenin's approach would succeed in Russia. While she supported the Bolshevik seizure of power, she had no illusions that it would produce a transition to socialism. She wrote in December 1918, "It is clear that under such conditions...neither socialism nor the dictatorship of the proletariat can become a reality, but at most a caricature of both."[16] Nor did she think that Lenin's programmatic strategy was applicable to Western Europe, which is one reason she demurred from joining the Third International. But neither did she view Kautsky's "inside-outside" approach as any more viable. She fully understood the need for socialists to participate in parliamentary institutions, even in moments of revolution—which is one reason she argued for the KPD to participate in elections for the National Assembly even after initially opposing its formation. But participating in parliamentary bodies is one thing; presuming that they serve as a principle lever for the transition to socialism is quite another. In this sense, Luxemburg had a *distinctive* concept of revolutionary transformation that distinguished her from other radical tendencies of the time.

This becomes clear from her 1918 book *On the Russian Revolution,* in which she sharply attacks Lenin and Trotsky for treating democracy as a "cumbersome mechanism" after their seizure of power. One does not have to wait till 1918, however, to see the differences between her and Lenin concerning *what happens after* the revolutionary seizure of power. She spells this out in a remarkable essay of 1908, "Lessons From the Three Dumas," written as a reflection on the aftermath of the 1905 Revolution. Although the revolution is defeated, she argues that it contains many lessons for how to advance the struggle for socialism in the future. She once again argues that the form best suited for achieving a future transition to socialism is a *democratic republic*. This is not the same as a *bourgeois democracy* since a government led and controlled by the working class would extend democracy from the political to the *economic* arena. Such a republic would represent *true* democracy, which is what is meant by "the dictatorship of the proletariat."

She goes on to note that the dictatorship of the proletariat is not the same as socialism but is the necessary pathway to it. While the dictatorship of the proletariat can be established in a single country, that is not the case with socialism. Like all Marxists before the rise of Stalinism, she held that "socialism in one country" is a contradiction in terms. She writes, "The socialist revolution can only be a result of international revolution, and [decisive is] the level and form of development of class relations and proletarian operations in other capitalist countries." But if the transition to socialism cannot occur till there is an international revolution, how likely is it that the working class will be able to maintain its rule in a single country? She is brutally realistic on this score: "The working class cannot delude itself that, having overthrown absolutism and attained a dictatorship for a certain period, that it will establish a socialist system." She refers to "the inevitable removal of the proletariat from power by a counterrevolutionary operation of the bourgeoisie" if the revolution is limited to a single country, "It may be that in the end, after the proletariat is overthrown, the republic will disappear." But this will not mean that the revolution will have been in vain, since "if the revolutionary proletariat in Russia were to gain political power, however temporarily, that would provide enormous encouragement to the international class struggle"—thereby inspiring revolutions in other parts of the world.[17]

Luxemburg's "The Three Dumas" speaks directly to what happened a decade later, when tsarism was overthrown in 1917, followed by the Bolshevik seizure of power. Lenin was fully aware that Russia's material conditions did not permit the immediate creation of socialism. This is why he worked to foster proletarian revolutions in Western Europe. However, his regime did not take the form of a democratic republic, as seen in its suppression of political liberties. Moreover, Lenin famously declared in 1918 "now that we have seized power, we intend to keep it"—*permanently*. This is the total opposite of Luxemburg's insistence that "the inability of the proletariat to stay in power" is not the worst outcome, so long as its creation of a democratic republic based on the rule of the working class inspires others elsewhere in the world to take up the fight against capital.

A decade later, in *On the Russian Revolution*, Luxemburg clearly distinguishes her understanding of the "dictatorship of the proletariat" from both Lenin and Kautsky:

> The basic error of the Lenin-Trotsky theory is that they too, just like Kautsky, oppose dictatorship to democracy... The latter

> naturally decides in favor of "democracy," that is, of bourgeois democracy, precisely because he opposes it to the alternative of the socialist revolution. Lenin and Trotsky, on the other hand, decide in favor of dictatorship in contradistinction to democracy, and thereby in favor of the dictatorship of a handful of persons, that is, in favor of dictatorship on the bourgeois model.[18]

A widespread claim exists in the Left, going all the way back to the time of Luxemburg's murder in January 1919, that she wrote her criticism of the Bolsheviks while in prison and therefore lacked proper knowledge of what was happening in Russia. Had she lived, the claim goes, she would have retracted her criticisms and never have allowed *On the Russian Revolution* to be published. A careful reading of "Lessons of the Three Dumas"—as well as other writings by her on the relation of democracy and socialism—undermines this claim. Many of the points made in her 1908 essay anticipate her approach to the Bolshevik seizure of power a decade later. This is just one of many expressions of how finally having the fill corpus of her work before us enables us to obtain heretofore unavailable insights on her theoretical contributions.

I do not mean to suggest by this that we have nothing to learn from Lenin. He was the first post-Marx Marxist to directly return to Marx's roots in the Hegelian dialectic, which was a remarkable achievement. No less remarkable were his efforts to extend Marxism to the peoples of the non-Western world, by adding the words "...and colonized peoples" to Marx's famous dictum, "Workers of the world, unite!" However, his organizational theories and practices as leader of the Russian state following the 1917 Revolution can hardly be considered of much relevance for the 21st century. One of the striking features of Leninist currents is the tendency to proclaim the need for political democracy when out of power while dispensing with it upon seizing it. Contrary to a widespread myth, Lenin was not an anti-democratic authoritarian from start to finish: he consistently defended democratic rights in his party and for society before 1917. But not afterwards. It is not hard to see why: political tendencies that are shut out of power tend to view democracy as a friend since it enables them to survive and grow, while it treats it as an enemy after seizing power since the freedom to criticize and protest can bring it down. But in that case democracy is treated as a mere *instrument*—not as an indispensable condition of human development. In the absence of any ethical or philosophic standard to guide political action, treating democracy in instrumental terms leaves us without any foundation for measuring the validity of our actions. All "truths" become relative, subject to the whims of political fortune and self-interest. State power—and / or the maintenance of one's political party—becomes an end in itself.

Luxemburg herself opposed sacrificing democracy on the altar of staying in power, since doing so only guarantees that a transition to socialism can never occur. But if a regime that expresses the will of the masses exists even for a brief period, it can help inspire the transition to socialism to later arise on an *international* level. Clearly, this is not the course that was followed by "revolutionary" regimes over the past hundred years. Stalin, Mao, or Castro would never have taken the chance of being voted out of power. But neither did their regimes lead to socialism; they instead led to another version of capitalism, *state-capitalism*. The path intimated by Luxemburg is the one less travelled, but perhaps for that very reason it is the one that is increasingly being turned to today.

V

In terms of today, we must fight the effort to undermine political democracy tooth and nail—*especially* because it risks eliminating the political space needed to rethink the idea of socialism and create a viable anti-capitalist alternative. It must be fought within the electoral arena as well as outside it. But we can no longer afford the illusion that the transition to socialism can be achieved by parliamentary means. Nor can we afford the illusion that it can be achieved with through a "vanguard party" that seizes power on behalf of the masses along the lines of the Leninist model. History shows that all such aproaches leads just to another form of capitalism, not to a new society.

There is no formula for bringing a socialist society into existence. But we can learn from history—which tells us that the means employed in changing society must conform to the nature of the new society we are trying to create. The question of *how to make the revolution* therefore must follow from and be decided upon by *first* grappling with the question of *what happens after a revolution*—will it lead to the liberation of the human personality or another form of class domination? Clarifying the future goal is what provides direction for present action. Doing so entails rethinking the meaning of socialism as a *philosophical* project, even as we rethink the very meaning of democracy.

Luxemburg teaches us that the benefits of liberal democracy can only be maintained and extended by creating socialism, just as socialism can only come into being if there is thoroughgoing democracy. This is because socialism does not consist of state or governmental control of the economy; it consists of the abolition of value production, which can only be achieved through freely associated human relations.

Socialism is not defined by transferring surplus value—the difference between the value of the product and the value of labour power—from the capitalists to the workers (either through progressive taxation or outright expropriation). Both are at least temporarily achievable within capitalism, depending on specific conditions. But redistributing surplus value is not socialism, since it leaves untouched capital's drive to augment wealth in monetary form as an end in itself. The effort to effect a "fair" redistribution of surplus value, which has defined both reformist and statist socialists for the last hundred years, implies the continued existence of value production. *This is because one can only redistribute what already exists.* And the existence of value production entails the continued existence of alienated labour—labour subjected to socially necessary labour time. Labour that is subjected to an abstract, invariable time determinant is the *substance* of value, which serves as capitalism's very basis. In a word, *surplus* value follows from *value* production—not the other way around. It is therefore no accident that those who emphasize the redistribution of value instead of its abolition fall short of *humanism*—the need to transform *human* relations. As Dunayevskaya wrote in *Marxism and Freedom*, "As long as there exists 'power over individuals,' private property must exist. To Marx, private property is *the power to dispose of the labour of others*. That is why he so adamantly insisted that to make 'society' the owner, but to leave the alienated labour alone, is to create 'an abstract capitalist'...the abolition of private property means a new way of life, a new social order *only if* 'freely associated individuals,' and not abstract 'society,' become the masters of the socialized means of production."[19]

Those who conceive of socialism as a "fairer" redistribution of the surplus product make the same mistake as those who uncritically embrace liberal democracy: they fail to grasp the underlying dynamic of capitalist social relations. This does not mean we should not fight for a fairer redistribution of the social product, any more than we should not fight for defending and expanding the political space provided by liberal democracy. But we must do so from a broader philosophic and strategic horizon than found in standard debates concerning the relation between democracy and socialism.

Luxemburg grappled with the problems of her time; we have to grapple with ours, which in many respects are markedly different. We don't have a mass labour movement such as existed in her era, nor do we have an international association of socialists spanning dozens of countries and including millions of people. But we do have many things missing in in her time: an understanding that issues of race and gender are as crucial in the construction and deconstruction of capitalist social relations as that of class, an understanding of the deleterious impact of promoting economic growth at the expense of respect for nature and the environment, and most of all, the experience of seeing so many revolutions and revolutionary movements go by the wayside when they fell short of a vision of human emancipation from all forms of alienation. We now know—or at least *should* know—that Marxism is a theory of liberation or it is nothing.

NOTES

1. For the recently published materials originally composed in German, see Rosa Luxemburg, *Gesammelte Werke* Band 6. Eds. Annelies Laschitza and Eckhard Müller. Berlin: Dietz Verlag: 2014 and *Gesammelte Werke,* Band 7. Eds. Annelies Laschitza and Eckhard Müller. Berlin: Dietz Verlag, 2017. For a German translation of a small selection of her Polish writings (they are not included in the *Gesammelte Werke*) see Rosa Luxemburg, *Arbeiterrevolution 1905/06: Polnische Texte.* Ed. Holger Politt. Berlin: Dietz Verlag, 2015. Some of these appear in English translation in *The Complete Works of Rosa Luxemburg,* Vol. III: *Political Writings* 1. Ed. Peter Hudis, Axel Fair-Schulz, and William Pelz. London and New York: Verso, 2019.
2. Three volumes of the *Complete Works* have been published in addition to a companion volume, *The Letters of Rosa Luxemburg.* See *The Letters of Rosa Luxemburg.* Eds. Georg Adler, Peter Hudis, and Annelies Laschitza. London and New York: Verso Books, 2011; *The Complete Works of Rosa Luxemburg,* Vol. I: *Economic Writings* 1. Ed. Peter Hudis. London and New York: Verso, 2013; *The Complete Works of Rosa Luxemburg,* Vol. II: *Economic Writings* 2. Ed. Peter Hudis and Paul Le Blanc. London and New York: Verso, 2015; and *The Complete Works of Rosa Luxemburg,* Vol. III: *Political Writings* 1. Eds. Peter Hudis, Axel Fair-Schulz, and William Pelz. London and New York: Verso, 2019.
3. Luxemburg's writings on the 1905 Revolution are found in *The Complete Works of Rosa Luxemburg,* Vol. III. Her writings from 1908 that are quoted in this paper will appear in the forthcoming Vol. 4 of the *Complete Works.* These are given to the original source in which they appeared.
4. See her letter to Jogiches of November 1, 1905: "You see, since yesterday I've been involved with *Vorwärts* on a daily basis, having to start from 4 in the afternoon." *Rosa Luxemburg Gesammelte Briefe* Band 2. Berlin: Dietz Verlag, 1999, p. 228.

5. I wish to thank George Shriver, Alicia Mann, and Joseph Muller for providing English translations of the material originally in Polish cited in this paper.
6. Rosa Luxemburg, "Pod znakiem Socjaldemocracji." *Czerwony Sztandar*, No. 24, March 1905.
7. Ibid.
8. Rosa Luxemburg, "Remarks at Jena Congress on Relations Between the Party and the Trade Unions, with Reference to the 1905 Revolution in Russia." In *Protokoll über die Verhandlungen des Parteitages der Sozialdemokratischen Partei Deutschlands. Abgehalten zu Jena vom 17. bis 23. September 1905*. Berlin: Vorwärts, 1905.
9. *Social Reform or Revolution*. In *The Rosa Luxemburg Reader*, edited by Peter Hudis and Kevin B. Anderson. New York: Monthly Review Press, 2004, p. 153.
10. Ibid., p. 142.
11. Raya Dunayevskaya, *Rosa Luxemburg, Women's Liberation, and Marx's Philosophy of Revolution*. Atlantic Highlands: Humanities Books. 1982, p. 21
12. See Michael Thompson, "Karl Kautsky and the Theory of Socialist Republicanism." In *The German Revolution and Political Theory*. Ed. James Muldoon. London: Routledge, 2019.
13. *Reform or Revolution*, in *The Rosa Luxemburg Reader*, p. 156.
14. Karl Marx, *Contribution to the Critique of Hegel's Philosophy of Law*. In *Marx-Engels Collected Works*, Vol. 3. New York: International Publishers, 1975, p. 56.
15. V.I. Lenin, *Collected Works*, Vol. 27. Moscow: Progress Publishers, 1964, p. 205.
16. *The Letters of Rosa Luxemburg*, p. 473.
17. Rosa Luxemburg, "Nauki trzech dum." *Przeglad Socjaldemokratyczny*, No. 3, May, pp. 189-91.
18. *On the Russian Revolution*, in *The Rosa Luxemburg Reader*, p. 307.
19. Raya Dunayevskaya, *Marxism and Freedom, from 1776 Until Today*. Amherst, NY: Humanities Books, 2000, pp. 59-60.

4
Rosa-Lenin Controversy and the Organizational Question Today

Navin Chandra

Introduction

Lenin-bashing has been a perennial pastime of some self-proclaimed Marxist and anti-Marxist intellectuals of the developed North and the underdeveloped South. First, it was Marx who was marshalled against Lenin. It does not appear to have cut much ice. After the Second World War they discovered Gramsci and tried to use his fragments of thoughts randomly picked up from his 'Prison Notebooks' to pit him against Marx and Lenin. These Gramscians have, in fact, been championing Bernsteinianism in the name of Gramsci (Carl Boggs,1976). Recently, they appear to have discovered Rosa Luxemburg as a stick to belabour Lenin and the Russian Revolution. These gentlemen and ladies try hard to hide the fact that while remaining critical of some of Lenin's formulations like the question of centralism in Party organization, Rosa from 1905 onwards mostly approved his overall understanding of the revolutionary process and action in Russia. She shared with him the conception of the Russian revolutionary process and action necessary to realize the revolutionary goal. Even while remaining critical of the Bolsheviks on issues such as 'right to self-determination' and centralism in party organization, her increasing sympathy for the general line of the Bolsheviks after the 1905 Revolution, does not appear to have wavered.

Rosa Luxemburg, like Lenin, was a quintessential revolutionary in her unity of thought and action, which is reflected in all her writings and actions. They shared a personality trait that even when they were engaged in a bitter criticism of their comrades, their intentions were never to denigrate them but to bring them round to the view which they considered right. Both advocated their points of view with utmost conviction of being right but only so long as they were not convinced of the counter arguments to which they were always open or till their perception of the ground realities changed.

Divergence to Convergence

Rosa Luxemburg participated as a Polish delegate in the London Congress of RSDLP in 1903. Her sympathies then were clearly with the Mensheviks. According to Rosa Luxemburg at the time of the RSDLP London Meeting in 1903, the degree of centralism in the party was at the centre of the differences and controversy in the RSDLP. At this Conference her sympathy for the position of the Mensheviks followed from her perception that the Mensheviks were supportive of the German SPD type organization and conformed to her conception of democracy in the party as against the Bolsheviks who were, in her perception the advocates of Lenin's position as ultra-centralism in organizational matters. No wonder, she berated Lenin for his so-called ultra-centralism in her 1904 article, 'Organizational Question of Russian Social Democracy' (Hudis and Anderson, 2004) that was her response to Lenin's book *One Step Forward and Two Steps Back.*

One Step Forward and Two Steps Back is decidedly a polemical book in which the writer admittedly bends the stick to one side rather more than normally necessary for the argument. It is done in order to bring into stark relief the issues involved in order to put forth one's arguments as strongly as possible. If anyone reads the book with this caveat in mind one cannot agree with Rosa Luxemburg when she says that Lenin is advocating an ultra centralist organizational structure, independent of time and clime, and Jacobinism in this book. Lenin wrote a detailed rejoinder to Luxemburg's critique. The reply that he sent for publication in *Die Neue Zeit* where her critique of his book was published was rather curtly refused publication by Kautsky. Lenin in his Reply to Luxemburg's criticism (*Collected Works,* Vol. 7) denies the charge of advocacy of an ultra-centralist organizational structure. In fact, he denies advocating any one form of organization in the abstract, independent of space and time. According to him all that he is arguing in the book is that the Congress decisions must be accepted and implemented till the same are changed by the next Congress and this is decidedly a democratic operational principle for any large viable organization.

Regarding Rosa Luxemburg's observation that the controversy in Russian social democracy had been principally about the degree of centralism in the Party and her charge that Lenin championed ultra-centralism in the Party in the book, Lenin points out that the controversy in Russian social democracy did not centre on the degree of centralism in the Party. It had "principally been over whether the Central Committee and Central Organ should represent the trend of the majority of the Party Congress or whether they should not". He wondered if Comrade Luxemburg considered it "normal for supposed Party Central Institutions to be dominated by the minority of the Party Congress". He enquired obviously with surprise if she could even imagine such a thing or had ever seen it in any Party (ibid). In short, Lenin found that Rosa Luxemburg was not well informed of the realities of the RSDLP and its socio-political ambience and she was indulging in abstract theorization. He writes:

> Comrade Luxemburg fathers on me the idea that all the conditions already exist in Russia for forming a large and extremely centralized Party. Again an error of fact. Nowhere in my book did I voice such an idea, let alone advocate it. The thesis

> I advanced expressed and expresses something else. I insisted, namely, that all the conditions already existed for expecting Party Congress decisions to be observed, and that the time was past when a Party institution could be supplanted by a private circle. I brought proof that certain academics in our Party had shown themselves inconsistent and unstable, and that they had no right to lay the blame for their own lack of discipline upon the Russian proletarians. The Russian workers have already pronounced repeatedly, on various occasions, for observance of the Party Congress decisions.

As for her charge of his Jacobinism, Lenin writes:

> Comrade Luxemburg says that I characterized more acutely, perhaps, than any of my opponents could have when I defined a revolutionary Social-Democrat as Jacobin who has identified himself with the organization of class-conscious workers. Yet another error of fact. It was P. Axelrod, not I, who was first to liken our Party trends to the days of the French Revolution. I merely observed that the parallel can only be allowed in the sense that the division in the present-day Social-Democracy into a revolutionary and an opportunist wings correspond to some extent to the division into Montagnards and Girondists. .... Rosa Luxemburg here confuses comparison of the two revolutionary trends of the eighteenth and the twentieth centuries with the identification of these trends...

Lenin accuses her of repeating time and again "naked words without informing herself of the actual issue in the controversy". He wanted to convey to her that she needed to eschew talking in terms of abstract principles and pay heed to concrete realities as truth is always concrete.

In fact, her idealization of the German model of social democratic organization is also responsible for her criticism of Lenin. She was extremely enamoured of the German model of SDP's organization as a mass party and its way of functioning that attracted petty bourgeois elements to the Party. She considered it as the model worthy of emulation in Russia as elsewhere. Pannaccione perceptively notes:

> The critique of the Leninist conception of the party by Rosa Luxemberg.... Could appear simply as over-praising of the German model the party founded around a 'proletarian base already strong and educated', which for this very reason can 'take in tow', assimilate and take on internally its diverse elements ('drop-out supporters and the petty bourgeois ones'...). This was not the only time which Luxemburg imposed upon the socialists of Eastern Europe and of the Russian empire her position within the SPD, and even Lenin became aware of this when his reply to *Die Neue Zeit* was turned down rather offensively by Karl Kautsky. (Bellofiore, 2010, 176)

However, her view started changing after the experience of the 1905 revolution. This emerges from the fact that after the Russian Revolution of 1905 she became critical of the Mensheviks and proportionately more sympathetic to the position of the Bolsheviks. In the London Congress of RSDLP in 1907 first as the representative of the German SDP and then as a Polish delegate she played decisively a pro-Bolshevik role. Stalin in his unfinished 'Notes of a Delegate' on this Congress approvingly notes Luxemburg's positive role as follows:

> Of exceptional interest were the speeches of Comrade Rosa Luxemburg, who conveyed greetings to the congress on behalf of the German Social-Democrats and expounded the views of our German comrades on our disagreements. (Here we link together the two speeches R. L. (Rosa Luxemburg) delivered at different times. Expressing her complete agreement with the Bolsheviks on the questions of the role of the proletariat as the leader of the revolution, the role of the liberal bourgeoisie as an anti-revolutionary force, etc., etc., Rosa Luxemburg criticized the Menshevik leaders Plekhanov and Axelrod, called them opportunists, and put their position on par with that of the Jauresists in France. I know, said Luxemburg, that the Bolsheviks, too, have certain faults and fads, that they are somewhat too rigid, but I fully understand and excuse them: one cannot help being rigid in face of the diffuse and jellylike mass of Menshevik opportunism. The same excessive rigidity was observed among the Guesdists in France, whose leader, Comrade Guesde, stated in a well-known election poster: "Don't let a single bourgeois

> dare to vote for me, for in Parliament I will defend only the interests of the proletarians against all the bourgeois." In spite of this sharpness, we German Social-Democrats always took the side of the Guesdists in their struggle against the traitors to Marxism, against the Jauresists. The same must be said about the Bolsheviks, whom we German Social-Democrats will support in their struggle against the Menshevik opportunists....(Stalin, *Works*, Vol. 2)

It is doubtful if Rosa ever saw Lenin's rejoinder to her criticism as it was not published in *Die Neue Zeit*; she never refers to it at any time. This to me may be one of the main reasons of her persistence in the criticism of so-called Bolsheviks (led by Lenin) ultra centralism and intransigence while approving of the rest of Bolshevik policy direction and action—a fixation that she appears to have refused to shed at least till 1918. Another dogmatic obsession that she could not apparently jettison till her release from jail was about Party Unity at any cost. This obsession may have to bear some responsibility for the time and manner of her killing by her erstwhile comrades.

The Paris meeting of the Central Commission of RSDLP in 1910 raised high hopes in Luxemburg of principled Party unity that stood shattered before the ink with which the resolutions were penned had dried. Luxemburg got thoroughly disillusioned with the Mensheviks as they and other non-Bolshevik groups refused to follow the resolutions of the Paris meeting and in fact intensified their liquidationist activities. Luxemburg almost says so in her recently published writing 'Credo' (the caption supplied by Hudis and Anderson, 2004) that was written in 1911. In this essay she approves and supports the Bolshevik political line. She says that the Bolsheviks only reacted to the disruptive activities of the Mensheviks and other non-Bolshevik groups, by intensifying their activities and strengthening their hold on the workers, but still she charges Bolsheviks with intransigence and ultra centralism that are said to be standing in the way of party unity. How can one strengthen the revolutionary Party in unity with those who are out to liquidate it for working with the liberal bourgeoisie? All this vindicates Lenin's accusation that Rosa Luxemburg had the propensity to champion a very abstract idea of Party unity and democracy, which failed to take into account the concrete realities prevalent at the time. Any idea or principle has to be implemented in the context of a given social, economic and political ambience. She appears here to have overlooked an elementary dictum of Materialist Dialectics that truth is always concrete.

The two articles by Rosa Luxemburg—'Credo' (1911) and 'The Russian Revolution'—bring into relief her unflinching solidarity with the Bolsheviks. I have already dealt with the former. Let us look at the latter now. Here Luxemburg raises her dissent on several topics such as land policy, nationalities question, abolition of the constituent assembly, question of suffrage, and the question of dictatorship and democracy in the fledgling Soviet Regime established by the working class under the leadership of the Bolsheviks, but the essay is not the criticism of the Revolution but a strong defence of it. It was also not the criticism of what the Bolsheviks were doing regarding these questions, rather, it was a protest against the tendency to project as principles whatever contingent actions the Bolsheviks had to take under the compulsions of the national and international bourgeois manoeuvres against the new regime in Russia. Luxemburg states:

> ...All of us are subject to the laws of history, and it is only internationally that the socialist order of society can be realized. The Bolsheviks have shown that they are capable of everything that a genuine revolutionary party can contribute within the limits of the historical possibilities. They are not supposed to perform miracles. For a model and faultless proletarian revolution in an isolated island, exhausted by world war, strangulated by imperialism, betrayed by international proletariat, would be a miracle.

She goes on to say:

> What is in order is to distinguish the essential from the non-

essential, the kernel from the accidental excrescences in the policies of the Bolsheviks. In the present period, when we face decisive final struggles in all the world, the most important problem of socialism was and is the burning question of our time. It is not a matter of this or that secondary question of tactics, but of the capacity of action by the proletariat, the strength to act, the will to the power of socialism as such. In this, Lenin and Trotsky and their friends were the first, those who went ahead as an example to the proletariat of the world; they are still the only ones up to now who can cry with Hutten: "I have dared!".

Luxemburg's Apprehensions

We have argued mainly that before 1918 Luxemburg's criticism of the organizational conception of Lenin, to some extent, follows from her view of the German Social Democratic Party (SPD) as a model mass party, which was a rather loose organization like any other political formations working within the framework of the bourgeois parliamentary system, but for its umblical tie to organized workers. It followed also from her conception of revolutionary democracy that was hardly different from bourgeois democracy. However, her apprehensions of the likely fall-outs of Leninist principles of Party organization appear to have been borne out by history.

Rosa Luxemburg apprehended and explicitly warned that the Bolsheviks' method of organizing that she considered ultracentralist, would inevitably lead to an undemocratic, bureaucratic state and party structures and processes with inevitable detriment to the process of building socialism in Russia. The empirical realities are there for all of us to see. All communist parties have been bureaucratized. The states led by them supposedly following the organizational principles propounded by Lenin did turn into bureaucratic dictatorial regimes and finally disappeared. The cases of Russia and China are often cited in this regard. In Russia, China and Vietnam, everywhere 'socialism' lies shattered and has given place more or less to the capitalist market economy. It is these empirical realities that are uncritically projected as the proof of the correctness of Luxemburg's criticism of the organizational principles of Lenin. Such critics of Lenin's organizational principles, who consider it to be the cause of whatever happened to 'existing' socialism in the last decade of the last century, are behaving like the scientists who having failed to launch an interplanetary vehicle successfully, immediately come to the conclusion that the concerned established principles and laws of physics are wrong and need to be changed. The only scientific approach in such a situation is that before challenging the established laws of science, we should enquire what the external and internal objective reasons could be in putting those laws into practice, whether the failure was in the misunderstanding of the concepts of science involved or their misapplication, whether some computational errors occurred and whether the art of designing the rocket and the vehicle went awry. Only when all the possibilities of error are discounted, the scientific law deserves to be questioned. Let us look then closely at the Leninist principles of organization called 'democratic centralism' and subject it to scientific scrutiny.

Democratic Centralism

We have already seen Lenin protesting against the charge of advocating ultra-centralist Party organization or for that matter any type of organization. Lenin advocated how any large organization should function democratically without degenerating into anarchy. He called it the principle of 'democratic centralism'. It is the dialectical systemic thinking that he imbibed from Hegel and Marx, which appears to be responsible for proposing and enunciating such a principle of organization. Those who criticize Lenin for his alleged ultra-centralism, even after Rosa Luxemburg's self-criticism as per the testimony of Clara Zetkin, and even Lenin, have not cared to study the principle of democratic centralism deeply and scientifically.

The modern science of cybernetics as applied to social organizations by Cyberneticians like Stafford Beer (Beer, 1976) starts with the empirical fact that all large, probabilistic (non-deterministic) systems—natural, biological, technical and social, to be viable have to be centralized and decentralized at the same time. They are also hierarchically structured. Centralism without democracy is a recipe for the dormancy of constituent organs. Such organization becomes an organization that cannot produce results. On the othe other hand, democracy without any form of centralism will lead to a situation of high entropy or disorder, which again is a recipe for making the organization directionless and hence non-functioning.

To search for the laws of effective functioning of a viable system Beer (ibid) points out that nature has evolved one of its most viable system in the human body. It has two nervous systems—autonomous and central. The Autonomous Nervous System makes for immediate local response to any situation or danger any organ faces. The cortex plays the coordinating role or sometimes pedagogical role for the various parts of the body communicating through the central nervous system when the requisite response to some situation is beyond the competence of any organ. For example, our heart beats autonomously without any conscious effort, but when it faces some problem insoluble by it, it immediately communicates it to the cortex that tells the relevant organs to come to its rescue. Imagine if the heart was required to seek permission of the cortex to beat after each beat; in between the two beats we would die. So is the case of the autonomous nerve cells that make eyes respond to any stimulus external or internal by blinking. So the human body is an example of a viable system that is necessarily centralized and decentralized at the same time.

Another principle that governs such organizations is the law of informational or functional hierarchy following from the law that given a system there is some fundamental proposition about the system that is undecidable within it. Such undecidable propositions need to be decided by a higher system that has representaion of the lower system. It is higher not because of its higher status or power but because it speaks a more competent language, a metalanguage. This can be illustrated with the help of the number system hierarchy in mathematics. Given the natural number system, the subtraction of a greater number from a smaller number is impossible to do. This is resolved in the system of integers that includes natural numbers. Similarly, the division of a smaller number by a greater number is impossible within the integer system. This is resolved by the rational number system that includes integers and so on.

What is relevant for us in these examples of the human nervous system and the numerical system is that a large viable social system has to be hierarchical and centralized and decentralized at the same time. Lenin's conception of democratic centralism answers to this viability criteria of any large non-deterministic system in that it allows its parts to be autonomous for quick local response to the situation and local initiative while effective central coordination and even direction that resolves the locally undecidable propositions. In the vocabulary popularized by Stafford Beer, the higher system is not higher in status and authority but in its competence to deal effectively and democratically with the locally undecidable issues and it is more competent because it uses a metalanguage that is competent to decide the undecidable proposition of the subsystem. In fact, it boils down to the fact that the hierarchy which democratic centralism sanctions is an informational and metalinguistic hierarchy and not a bureaucratic hierarchy.

However, its proper implementation in a human system is easier said than done. Unlike the physical and biological systems, the human system is composed of elements that have their own class backgrounds, their educational and cultural backgrounds, ego, self-interest, degree of lust for power and so on. These human frailties that members bring with them to the organization which makes the members of the higher units manoeuvre to convert the hierarchy based on the competence to democratically decide the undecidable proposition within the subsystems into a hierarchy of status and power. The democratic centralism is converted into its opposite that is bureaucratic centralism. This perennial tendency in human organization in a competitive individualistic socio-economic environment entails the need of a continuous ideological struggle and education in the course of continuing proletarian mass struggles for the transformation of this competitive society into a society that is animated by the values of cooperation. Once they succeed in transforming democratic centralism in the organization into bureaucratic centralism, there will also be a tendency in the higher unit's members to claim and justify higher privileges for themselves. As a result, the hierarchy of the existing social system is recreated in the organization that was born to transform the existing social system. The democratic centralism is turned into bureaucratic centralism. As soon as this happens the revolutionary organization inexorably turns into a conservative or even reactionary one.

What is then to be done? We need to produce countertendencies so that such deformation of a revolutionary organization does not take place. The answer lies in the Freireian pedagogy and critical education of cadres and leaders along with no compromise with democracy at any cost, except perhaps in an underground situation and even the exception has to be democratically decided. Democracy and education—critical education through the process of action-reflection-action are the only methods that can prevent bureaucratic degeneration that we have historically witnessed. Not that there is no educational process in the Parties or trade unions, but it is not geared to develop critical thinking but to strengthen the control of the leaders over the cadres. The pedagogical principle and method follows what Freire called the banking system of pedagogy in which the teacher (leader) is supposed to be the storehouse of knowledge that he hands over to the disciples. In the Indian context, we call it the Brahminic system of education in which the chelas or disciples have to follow what the guruji told them. Such education creates only docile followers and not revolutionary leaders. It strengthens the bureaucratic tendency in the organization rather than generate countertendencies to it.

Another very common view that democracy entails the necessity of the existence of multiplicity of competing parties. Rosa Luxemburg also apparently shares this bourgeois view of democracy. The idea is that different political parties will compete with each other for the votes of the people and this would prevent any of them from becoming dictatatorial. In other words, competition among the the parties would guarantee democracy. The whole conception is based on the model of bourgeois democracies that obtain today. Competition is the logic of capital. It animates and drives capitalism. The rabid individualist value system that it breeds and fosters is dehumanizing the social processes. If socialism is the antithesis of capitalism, the competitive logic and value system have to be superseded by the cooperative value system. Even Lenin is guilty of advocating 'socialist competition' in place of capitalist competition. Competition is the operational logic of capitalism. Competition makes capital thrive, whereas it makes labour starve and die; cooperation reflected in their organization is the logic of labour. Norbert Wiener after finishing his pioneering book on Cybernetics mused over its future technological implications and he became perturbed. He came to the conclusion that the technological possibilities of cybernetics in a capitalist society would spell disaster for human beings and the culprit was in his final analysis the competitive basis of the bourgeois society. So if the humanity of human beings is to be saved, the society must be restructured on the basis of cooperation. He went on to reflect as to which class of people could bring out such cooperative society and he came to the same conclusion as Marx that it was labour alone that had an objective interest in bringing about such human civilization. Thus the whole ideological being of a communist party must be first animated by the value system of cooperation which can only be realized among equals. The moment such hegemony of cooperation over competition comes to pass, the rest will take care of itself. In the end it is difficult but not impossible to prevent bureaucratic degeneration of a democratic centralist organization. It was perhaps Jefferson who said very aptly that the price of democracy is eternal vigilance and eternal vigilance is more appropriately the price of democratic centralism that is the most effective principle of effectively functioning democracy. The structure of an organization and the principle of democratic centralism are dialectically related but within this relational constraints there may be a variation in organizational structures to conform to the varying social and political ambience. Railing at the organizational principle of democratic centralism is misplaced.

Conclusion

It is clear that Luxemburg's criticism of Lenin's conception of the organization was misplaced. At no time did he advocate a fixed organizational structure for all time and clime as he clearly denied Luxemburg's charge to this effect. Even in the Draft on Organization that was finally approved by the Comintern Lenin explicitly says that the organizational structure cannot be fixed for all time and countries. However, Luxemburg's apprehensions regarding the likely implications of centralism in the organization have all been borne out by history because of the organizational defaults mentioned above. Thus Luxemburg has done singular service to the Marxist-Leninist political practice. Her criticism of Bolsheviks and her apprehenssions that have all come to pass warns us to be constantly on guard for the possible organizational and behavioural defaults that may promote bureaucracy or differentiation among leaders and cadres, based on authority and privilege in an organizational set-up, which would mar and even destroy the Revolution.

In this centenary year of her martyrdom, both the critics and admirers of Rosa Luxemburg may be reminded of what a glowing but accurate tribute Lenin paid after her death to her:

> ...'Eagles may at times fly lower than hens but hens can never rise to the height of eagles'. Rosa Luxemburg was mistaken on the question of the independence of Poland; she was mistaken in 1903 in her appraisal of Menshevism; she was mistaken on the theory of accumulation of capital; she was mistaken in July 1914, when, together with Plekhanov, Vandervelde, Kautsky and others she advocated unity between the Bolsheviks and Mensheviks; she was mistaken in what she wrote in prison in 1918 (She corrected most of these mistakes at the end of 1918 and the beginning of 1919 when she was released). But in spite of her mistakes she was and remains for us an eagle. And not only will Communists all over the world cherish her memory, but her biography and her complete works will serve as useful manuals for training many generations of communists all over the world. 'Since August 4, 1914, German social-democracy has become a stinking corpse.' *(Collected Works*, Vol. 33).

No better tribute can be offered to celebrate the centenary of her Martyrdom than reminding us all of the above tribute that Lenin penned for Rosa Luxemburg.

REFERENCES

Beer, Stafford (1976). *Platform for Change*, Wiley, NY.

Belofiore, Riccardo (2010). *Rosa Luxemburg and Critique of Political Economy*, Routledge, NY

Hudis, Peter and K.V. Anderson (eds.) (2004). *The Rosa Luxemburg Reader*, Monthly Review Press, NY.

Lenin, V.I.. 'Reply to Rosa Luxemburg', *Collected Works*, Vol. 7, accessed from Marxists.org/Lenin.

—— *One Step Forward and Two Steps Back*, Vol. 7, accessed from Marxists.org.

—— *Collected Works*, Vol. 20, Accessed from Marxists.org.

—— 'Notes of a Publishist', *Collected Works*, Vol. 33, Marxists.org/

Lenin.

Luxemburg, Rosa (1904). 'Organisational Question of Russian Social Democracy' in Hudis and Anderson (2004).

Luxemburg, Rosa (1911). 'Credo' in Hudis and Anderson (2004).

Luxemburg, Rosa (1918). 'The Russian Revolution' in Hudis and Anderson (2004).

Pannaccione, Andrea (2010). 'Rosa Luxemburg on Trade Unions and the Party: The Polemics with Kautsky and Lenin: An Assessment' in Hudis and Anderson.

Stalin, J.V. (1907). 'Notes of a Delegate', *Collected Works,* Vol. 2, accessed from Marxists.org.

5

रोजा की दृष्टि में समाजवादी संगठनों के सवाल

अक्षय कुमार

समाजवादी व्यवस्था की स्थापना का परिप्रेक्ष्य ही रोजा की राजनीतिक दृष्टि का सार है। किंतु समाजवादी आंदोलन के भीतर आज मूलरूप से दो तरह के राजनीतिक दोष विद्यमान हैं। इसमें एक ओर जहाँ अवसरवाद, सुधारवाद तथा संशोधनवाद की राजनीतिक चेतना संबंधी एकता के मूल्य कायम हैं, वहीं दूसरी ओर 'वामपंथी' अवसरवाद-जड़सूत्रवाद तथा संकीर्णतावाद के उभार की क्रिया जारी है। इससे कम्युनिस्ट पार्टियों का मेहनतकश जन साधारण से बिलगाव की राजनीतिक स्थिति उत्पन्न हो गई है। लेकिन समाजवादी राजनीति को सुदृढ़ करने हेतु इन दोषों की पहचान के साथ ही समाजवादी व्यवस्था के निर्माण संबंधी कार्यभारों को राजनीतिक प्राथमिकता नहीं दी जा रही है, जबकि राष्ट्रीय व अन्तरराष्ट्रीय स्तर पर पूँजीवादी घेरा का प्रश्न अत्यंत उग्र मामला बना हुआ है। इसमें राज्यसत्ता को वाम राजनीति के दबाव में रखना एक चुनौतीपूर्ण राजनीतिक दायित्व है। इसको पूरा करने हेतु पूँजीवादी तत्त्वों की भूमिका को अपने नियंत्रण में रखने के लिए उसे सीमित करना प्राथमिक कार्यभार है। इस राजनीतिक जिम्मेवारी को व्यावहारिक रूप देने के लिए समाजवादी आंदोलन के वैचारिक और सांगठनिक पहलू की एकता जरूरी है। यह मेहनतकश जन साधारण की गोलबंदी का राजनीतिक कार्य है।

रोजा की शहादत का यह पहला शताब्दी वर्ष, हम सबके समक्ष मेहनतकश आवाम को परम्परागत शोषण व दमन से मुक्ति की राजनीति के सार तत्त्व को उजागर करता है। इसके माध्यम से राजकीय व्यवस्था में विद्यमान सुधारवादी प्रवृत्ति के विरुद्ध संघर्ष अब भी संभव है। किंतु रोजा द्वारा भूमंडलीकृत पूँजीवाद विरोधी उठाए गए राजनीतिक विकल्प की तलाश की जरूरत संबंधी सवालों की अनदेखी हो रही है, जबकि पूँजीवादी विकास की 'राजनीतिक बिसात के तहत नजरबंदी का खेल' व्यवस्थित हो गया है, जिसके कारण विकास के वैसे कार्यों का प्रभाव दिख रहा है, जो मेहनतकश जन साधारण के लिए तर्कसंगत नहीं है।

इस दिशा में समाजवादी आंदोलन को आगे बढ़ाने की जिम्मेवारी आज शेर के मुँह से शिकार लेने के समान है। परंतु पूँजी संचयन के शेर ने आज अपने को कार्यपालिका, न्यायपालिका और विधायिका संबंधी संस्थागत गुफा में सुरक्षित कर लिया है। इसलिए शेर की 'संस्थागत खोह' में घुसने के लिए संस्थाकृत सोच, विचार तथा व्यवहार में एक साथ रचनात्मक दखल जरूरी है। इससे समाजवादी आंदोलन का जनवादी रास्ता स्पष्ट हो सकता है। किंतु रूसी क्रांति की स्थापना के बाद समाजवादी आंदोलन में 'भक्ति योग' सरीखी सोच उभरी है। इस कारण मार्क्सवादी प्रतीकों की आड़ में परस्पर विरोधी अव्यावहारिक व्याख्या की कार्य-संस्कृति उत्पन्न हो गई। इसमें जनवादी दृष्टिकोण को स्पष्ट करने संबंधी मसला समाजवादी संगठनों के समक्ष महत्त्वपूर्ण सवाल है।

जनवादी दृष्टिकोण की स्पष्टता संबंधी सवाल

मेहनतकश जन साधारण के जीवन-स्तर को और बेहतर बनाने का यह राजनीतिक मसला है। इससे राजनीति का जनवादी उद्देश्य पूरा किया जा सकता है। इस राजनीतिक वास्तविकता के परिप्रेक्ष्य को साफ करने की बातें नहीं हो रही हैं। उलटे संस्थाकृत विकास की प्रशासकीय कार्रवाई (सशक्तीकरण, विकेन्द्रीकरण, भागीदारी, आदि) के माध्यम से राजनीतिक दृष्टिकोण को उलझाए रखने की प्रक्रिया जारी है। फलतः राजनीतिक विचारों की गुत्थी को आज संगठन की समस्या के रूप में चित्रित किया जा रहा है। यह नयी बात नहीं है, बल्कि पीटसवर्ग से 1876 में प्रकाशित मासिक पत्रिका-*रूस्स्कोये वोगात्सत्वो* के 1894, अंक-1 और 3 में नि. मिखाइलोब्स्की का साहित्य तथा जीवन शीर्षक लेख में मार्क्स की आलोचना की गई थी। "इससे जनता के मित्र क्या हैं और सामाजिक-जनवादियों के विरुद्ध कैसे लड़ते हैं?" संबंधी वैचारिक तथा व्यावहारिक गुत्थी उत्पन्न हुई थी। किंतु लेनिन द्वारा उसी समय इस स्तर के उलझन को स्पष्ट करने जैसा काम किया गया था। इसी तरह सर्वहारा के संघर्ष की कार्यनीति व कार्यक्रम के निर्धारण हेतु रोजा द्वारा सर्वहारा के बौद्धिक क्षितिज के विस्तार हेतु आलोचनात्मक विश्लेषण की राजनीति की समृद्धि की बात की गई थी।

यह पूँजी संचयन के वर्तमान दौर में भी संभव है। परंतु रूसी क्रांति के बाद क्रांतिकारी प्रतीकों की स्थापना संबंधी पांडित्यपूर्ण अव्यवहार्य राजनीतिक काम विभिन्न रूपों में सम्पन्न हुआ है। इससे राजनीति में आलोचना-आत्मआलोचना का सामाजिक परिप्रेक्ष्य व्यक्ति-केन्द्रित हो गया है। इस कारण समाजवादी आंदोलन की राजनीति में संकीर्णता का माहौल बना है। इसमें जनवाद के लिए आवश्यक राजनीतिक आधार गढ़ने वाला 'जनवादी संघर्ष' की स्पष्टता की जरूरत है। इस

संघर्ष की भूमिका आज वही है, जो मार्क्स के पहले सैद्धांतिक स्तर पर 'न्याय के लिए संघर्ष' की अवधारणा का था। इसलिए रोजा की राजनीतिक स्थापना समाजवादी संगठनों के वैचारिक तथा सांगठनिक सवालों के तर्कसंगत समाधान की राजनीति का शास्त्र है। इसके माध्यम से संस्थाकृत बौद्धिक कार्यों के वर्णनात्मक शास्त्रीय कर्म (किसी घटना से जुड़े तथ्य को ब्यौरेवार कहने व लिखने की क्रिया) की जगह आलोचनात्मक विश्लेषण (किसी घटना से जुड़े तथ्यों की छानबीन के आधार पर सोच निर्धारित करने की क्रिया) के वैचारिक व व्यावहारिक पक्षों को व्यवस्थित करने वाली बोधगम्य राजनीति का विकास किया जा सकता है। इसलिए मार्क्सवाद और समाजवाद, मार्क्सवादी समाजवाद, मुक्तिकामी सर्वहारा का संघर्ष और समाजवादी लोकतंत्र संबंधी राजनीतिक सोच के यथार्थ को उजागर करने वाला यह शास्त्रीय कर्मकांड है। यह राजनीतिक अवसरवाद के प्रतिरोध में संघर्ष के लिए लोकप्रिय एकता का आधार खड़ा करने में सहयोगी हो सकता है। लेकिन यह सब पहलू समाजवादी राजनीति के विमर्श का हिस्सा नहीं है, जबकि समाजवादी संगठनों की यहाँ भरमार है। फिर भी 'सांगठनिक सवालों की राजनीति का जनवादी मसला' धूमिल हो गया है।

ऐसे में पूँजी संचयन तथा सांगठनिक कार्यों के क्रियान्वयन के लिए अलग-अलग संस्थाएँ काम कर रही हैं। इससे राजनीति के वैचारिक तथा व्यावहारिक दो अलग-अलग छोर स्थापित हैं, जिसके कारण एक ओर जहाँ अराजकतावादी सोच का विकास हो रहा है, वहीं दूसरी ओर अवसरवादी अवधारणा व्यवस्थित हो रही है। इसमें 'तात्कालिक लाभ' से जुड़े मसलों को राजनीतिक मुद्दा बनाया जा रहा है और 'राजनीतिक समीकरण के सूत्रों' को सामाजिक कार्य-पद्धति का मौलिक तत्त्व बनाए रखने का प्रयास जारी है। इस कार्य-पद्धति के तहत 'क्षतिपूर्ति या हरजाना की पूर्ति की राजनीति' को लोकतांत्रिक मसला बना दिया गया है, क्योंकि लोकतंत्र की राजनीति में सैद्धांतिक विवेचना की संस्कृति बंद हो गई है। इस कारण नेता-पार्टी-वर्ग-जन साधारण संबंधी प्रश्न के साथ प्रतिक्रियावादी ट्रेड यूनियन के राजनीतिक प्रश्न सही ढंग से उजागर नहीं हो रहा है। उलटे राज्य के लोकतांत्रिक मसलों को धर्म-संबंधी प्रश्न से मिलाकर पेंचीदा बनाया जा रहा है। इसमें शोषण का रूप बदल जाने से सर्वहारा वर्ग संघर्ष की कार्रवाई अशक्त हो गई है। इस कारण समाजवादी राजनीति गतिहीन होती जा रही है, जबकि इस स्तर की राजनीतिक जटिलता व पेंचीदगी से उबरने के लिए रोजा द्वारा सौ साल पहले 'संघर्ष की अपरिहार्यता' की व्याख्या की गई थी। इस राजनीतिक पहलू की अवहेलना के कारण समाजवादी राजनीति में सांगठनिक मसलों का क्षरण शुरू हो गया है।

सांगठनिक मसलों में समाजवादी राजनीति का क्षरण

व्यवस्थागत सुधार व बदलाव की पूँजीपरस्त क्रिया से समाजवादी व्यवस्था में सूत्रवत राजनीति का विकास हुआ है, जबकि इस प्रक्रिया के दबाव से समाजवादी आंदोलन की राजनीतिक जड़ता समृद्ध हुई है। इसमें पुस्तकीय सैद्धांतिक कार्यों की भूमिका का महत्त्व निर्णायक होने से राजनीतिक विचलन की स्थिति उत्पन्न हो गई, क्योंकि एक-दूसरे के पूरक विचार को प्रतिस्पर्धी सोच सदृश्य देखा व समझा जा रहा है। इसलिए सांगठनिक स्तर पर अवसरवादी प्रवृत्ति का विकास शुरू हो गया है। इसमें मजदूर-वर्ग के लक्ष्य को वेतन वृद्धि तथा श्रम परिस्थितियों में सुधार आदि के लिए 'आर्थिक संघर्ष' करने तक सीमित कर दिया गया है। इससे समाजवादी दलों में राजनीतिक संघर्ष को स्वयंस्फूर्त प्रक्रिया की तरह देखने और घटनाओं को दर्ज करने का मसला बन गया है। इस कारण यह कहा जाता है कि समाजवादी विचारधारा 'स्वयंस्फूर्त मजदूर आंदोलन' से भी पैदा हो सकता है, लेकिन उदारवादी राजनीति के कारण समाजवादी राजनीतिक संगठन टुकड़ों में बँट गया है। इसमें 'संगठनात्मक उतावलापन' जैसी खतरनाक प्रवृत्ति पैदा होने से संगठन के सदस्यों की संख्या घट रही है, क्योंकि संगठनात्मक प्रश्न राजनीतिक महत्त्व रखता है। फिर भी सांगठनिक मसलों को राजनीति की दृष्टि से देखने व समझने की क्रिया का लोप हो रहा है।

ऐसे में लोकतंत्र संबंधी राजनीति आज 'व्यक्ति सापेक्ष' हो गया है। 'व्यक्तिनिष्ठ राजनीति' को समृद्ध होने से समाजवादी आंदोलन का बुनियादी आधार खंडित होता जा रहा है। फिर भी समाजवादी संगठनों के बीच पूँजीवादी संकट को व्यक्ति सापेक्ष देखने, समझने तथा प्रस्तुत करने वाले शास्त्रीय कर्मकांड का सहारा लिया जा रहा है, जबकि राजनीतिक मूल्यांकन तथा विश्लेषण की कार्रवाई में इस कार्य-पद्धति के अनुपालन से द्वंद्वात्मक अंतर्संबंध तथा अंतर्विरोध का पक्ष दब जाता है। इस कारण शिक्षण-प्रशिक्षण तथा उन्मुखीकरण के बाद भी पढ़ने-पढ़ाने, सीखने-सिखाने वालों की तार्किक शक्ति का विकास नहीं हो रहा है। परिणामस्वरूप विवाद-प्रिय खंडनशील राजनीतिक माहौल पैदा करने वाली राजनीति के शास्त्र का वर्चस्व कायम है। इससे 'पूँजीवाद और समाजवाद' के बीच अंतर का राजनीतिक मसला 'अमीर-गरीब' के दायरे में सिमट गया है। इस शास्त्रीय कर्म के औचित्य को बनाए रखने हेतु उत्पादक संघ, व्यापार संघ की गतिविधियों के साथ साझेदारी, शेयरधारी, अंशधारी के बैनर तले किस्म-किस्म के संगठन सक्रिय हैं। किंतु हरेक स्तर की छोटी संस्था को बड़ी संस्था धकेलकर बाहर कर रही है।

यह सब वैसे समय में हो रहा है, जबकि समाजवादी संगठनों की राजनीतिक

पहचान का मामला जटिल प्रश्न बन गया है। इस कारण संगठनों के औपचारिक विधान (सदस्यता, नवीकरण, सम्मेलन आदि) का निर्वाह अब महत्त्वपूर्ण मसला बना हुआ है। फलस्वरूप 'सांगठनिक प्रक्रिया अब राजनीतिक गतिविधि' का स्वरूप ग्रहण कर लिया है। इस तरह समाजवादी राजनीति के शास्त्रीय तात्त्विक मसले अब संगठन का व्यावहारिक पहलू नहीं बन पा रहा है, जबकि राजनीति में संगठन की भूमिका वाहक की होती है। इस भूमिका को प्रभावकारी बनाने में तर्कसंगत जन सरोकार की राजनीति का होना जरूरी है। इस जरूरत को पूरा करने हेतु सर्वहारा के राजनीतिक सिद्धांत तथा उसकी कार्य-योजना के बीच युक्तिसंगत समन्वयन आवश्यक शर्त है। इससे वर्गीय राजनीति की एकजुटता का आधार स्पष्ट हो सकता है। परंतु पूँजी संचयन की प्रक्रिया के तहत जनशक्ति की एकजुटता को खंडित करने के साथ ही उनके सांगठनिक अवसर तथा पहुँच के मामलों को पेंचीदा बनाया जा रहा है। इसमें पूँजीवादी अन्तर्विरोधों के अनुकूलन की प्रक्रिया को 'ऐतिहासिक जरूरत' के रूप में प्रस्तुत किया जा रहा है। फिर भी सर्वहारा के बीच वर्गीय मसलों को समाजवादी आंदोलन का मुद्दा बनाने की राजनीति चलती रही है। परंतु सर्वहारा के वर्गीय संघर्ष की दिशा को स्पष्ट करने हेतु अवसरवाद का मसला राजनीतिक प्रतिरोध का महत्त्वपूर्ण मुद्दा नहीं बन पा रहा है। इस कारण 'पूँजी संचयन की जारी प्रक्रिया में समाजवादी राजनीति का सांगठनिक तौर-तरीका' ऐतिहासिक क्रम में छूटते जा रहा है, जबकि रोजा द्वारा 'वैज्ञानिक समाजवाद' की अवधारणा की चर्चा के तहत 'सिद्धांत और व्यवहार' के बीच बिलगाव संबंधी खतरा को प्रस्तुत किया गया है। इसके बावजूद समाजवादी संगठनों की 'राजनीतिक प्राथमिकता' में निरंतर हेर-फेर की प्रक्रिया जारी है।

राजनीति की प्राथमिकता में उलट-फेर

समाजवादी राजनीति में उत्कट अनुराग के आधार पर शुद्धिकरण की पंडिताऊ अवधारणा का विकास हुआ है। इसमें जन सरोकार से ताल्लुक रखने वाली राजनीति को जनाधार देने के बदले उसे ही बेमेल सिद्ध करने की राजनीति लगातार जारी है, जबकि पूँजीवादी विकास नीति व कार्यक्रम के दबाव से वर्गीय राजनीति का दार्शनिक पहलू दब गया है। इससे समाजवादी संगठनों के स्तर पर राजनीतिक केंद्रीयता के क्रियात्मक केंद्र और संगठन के कार्यकारी समूह के बीच विभेद पैदा हुआ है। इस खतरा को रोजा ने इंगित किया है। फिर भी इस स्थापना की अवहेलना समाजवादी आंदोलन में जारी है, जबकि *ईस्क्रा* (चिनगारी) अखिल रूसी गैरकानूनी पहला मार्क्सवादी समाचार-पत्र के चौथे अंक में लेनिन का 'कहाँ से शुरू करें' नामक लेख छपा था, जिसमें रूस के सामाजिक जनवादी आंदोलनों

के अतिमहत्त्वपूर्ण प्रश्नों का उत्तर शामिल किया गया था। उस लेख को लेनिन ने राजनीतिक आंदोलन की योजना की रूपरेखा कहा था, क्योंकि जुझारू पार्टी के निर्माण की संगठनात्मक कार्य-योजना के स्वरूप और मुख्य विषय की चर्चा थी। इस लेख को बाद में *क्या करें* नामक पुस्तक के रूप में विकसित किया गया था। लेकिन देश और दुनिया के क्रांतिकारी अनुभवों से सबक लेने के बदले संसद में भाग लेने की कार्य-नीति में संसद का एक ओर 'वायकाट' की कार्य-नीति के साथ संघर्ष के कानूनी रूपों और गैर-कानूनी रूपों में अदला-बदली की राजनीति जारी है, वहीं दूसरी ओर 'कानूनी संसदवाद' के तहत संसद के चुनाव तथा संसदीय मंच के जनवादी उपयोग की कार्रवाई चल रही है। इसमें 'संसदीय अवसरवाद' संबंधी गलतियों को स्वीकार करने की बात भी हो रही है। फिर भी संसद की ज्यादा-से-ज्यादा सीटों को पाने का राजनीतिक उद्देश्य महत्त्वपूर्ण मसला बना हुआ है।

अतः चुनावी राजनीति में ढेर सारा अनावश्यक, अनुपयोगी निर्जीव तथ्य को एक ही साथ जमा करने हेतु क्षेत्र में पंडिताऊ बातें हो रही हैं। इससे राजनीतिक प्राथमिकता में हेर-फेर की क्रिया शुरू हो गई है। फलतः लोकतंत्र के राजनीतिक मूल्य में उलट-फेर हुआ है। इस राजनीतिक प्रक्रिया में छल-कपट व धोखेबाजी की रणनीति को लोकतंत्र की राजनीति का मसला बना दिया गया है। इसलिए जन प्रतिनिधियों के दल-बदल तथा कार्यकारी दल की डाँट-फटकार जैसी कार्रवाई आज संसदीय राजनीति का प्रबंधकीय कर्म बना हुआ है। इस राजनीतिक कार्रवाई में काम सौंपने के नाम पर सांगठनिक काम लादने की कार्यसंस्कृति को प्रोत्साहित किया जा रहा है। फलतः नेता की भूमिका आज 'टास्क मास्टर' के रूप में स्थापित हो गई है। इसमें 'पहचान की राजनीति' के अभ्यास से वर्गीय चेतना संबंधी सोच लगातार ठूँठ हो रही है। इस कारण मेहनतकशों की पक्षधरता की जगह पहचान आधारित प्रतिस्पर्धा का मूल्य स्थापित हो गया है। इसमें विकल्प की राजनीति के तहत केवल 'ऐतिहासिक प्रतीकों' को याद कर अपनी राजनीतिक पहचान बनाए रखने की क्रिया शुरू हो गई है, जबकि विकल्प की राजनीतिक शक्ति और सामाजिक क्रांति की प्रक्रिया किसी व्यक्ति या संगठन के मात्र उपदेश या सुझाव या निर्देश से विकसित नहीं होती है, बल्कि 'वर्गीय चेतना पर आधारित जन संघर्षों' से स्वरूप ग्रहण करती है। इस राजनीतिक पहलू की अनदेखी से वर्गीय राजनीति की अवधारणा आज सीमित हो गई है, जिसके कारण वर्गीय आधार पर वर्गीय मुद्दों के निर्धारण संबंधी राजनीति बंद हो गई है। इससे वर्गीय दृष्टिकोण का क्षय हो रहा है। यह अपने-आप नहीं हो रहा है, बल्कि लोकतंत्र की राजनीति को 'पूँजी संचयन की कार्य-पद्धति' के अनुकूल केंद्रीयकृत होने का नतीजा है। इसमें वैकल्पिक व्यवस्था के बदले 'विशेष अवसर' की राजनीतिक बातें हो रही हैं। फलस्वरूप वर्गीय

राजनीति के समानांतर जातीय व सांप्रदायिक राजनीति का प्रभुत्व कायम हो गया है। यह बदलाव आज वैचारिक स्तर पर विखंडन का शास्त्रीय कर्म बन गया है।

वैचारिक स्तर पर विखंडन का शास्त्रीय कर्म

लोक उन्नयन की राजनीतिक रूपरेखा का निर्धारण पेशागत किताबी दृष्टि से हो रहा है। इससे समाजवादी राजनीति के वर्गीय पहलू का आधार छिन्न-भिन्न हो गया है। इस कारण समाजवादी आंदोलन की सोच के तहत वैचारिक सहमति कायम करने की अपेक्षा वैचारिक भिन्नता के पक्षों को बढ़ावा देने वाली प्रक्रिया को आत्मसात किया जा रहा है, जबकि रोजा की शहादत के बाद 1922 में 'रूसी क्रांति' नामक उनका लेख छपा है। इसमें लोकतांत्रिक मूल्यों के दब जाने की आशंका व्यक्त करते हुए 'लोकतंत्र व समाजवाद' के अविमोचनीय संबंध के बारे में यह उजागर करने का प्रयास हुआ है कि इन दोनों को एक-दूसरे के बगैर अलग-अलग स्थापित नहीं किया जा सकता है। इसलिए क्रांति के बाद उसे स्थायित्व प्रदान करने हेतु 'क्रांतिकारी प्रक्रिया' का निरंतर संचालन जरूरी है। इसके अभाव में पार्टी के अंदर 'राजनीतिक शक्ति का एकीकरण' संभव है। इस प्रवृत्ति से पार्टी के अंदर नौकरशाही जैसा नया वर्ग उभर सकता है। इसलिए 'रूसी क्रांति' नामक लेख में 'समाजवादी अभ्यास' के संदर्भ को उठाते हुए रूस में अतिकेंद्रीयता की आशंका व्यक्त की गई है। फिर भी समाजवादी दलों की गतिविधियाँ सामाजिक सुधार तथा मजदूर आंदोलन की औपचारिक क्रिया में सिमट गई हैं। इससे समाजवादी उद्देश्य व लक्ष्य आज तात्कालिक सवालों के घेरा में कैद हो गया है। इसलिए पूँजीवादी समाज में 'सामाजिक प्रणाली' के निर्माण का कार्यभार विद्यमान है।

किंतु कार्यकर्ताओं के निर्माण का वर्तमान शास्त्रीय मूल्य शासक वर्ग के हितों को ज्यादा स्पर्श करता है और शोषण के अस्तित्व को न्यायसंगत ठहराता है। इसमें पूँजीवाद के अस्तित्व को न्यायसंगत बनाए रखने के लिए राज्य की भूमिका 'कार्ययंत्र' के रूप में स्थापित है। इसलिए सामाजिक कार्यकर्ता रट्टू तोता बन जा रहे हैं, जो शेखीबाज पाखंडी नारों को आत्मसात कर रहे हैं। किंतु समाजवादी व्यवस्था के शास्त्रीय पक्षों को तर्कसंगत बनाने की बात नहीं हो रही है, जबकि समाजवाद के निर्माण का कार्य 'वर्गों में समाज के विभाजन' के उन्मूलन का मसला है। यह सर्वहारा संघर्ष की अपरिहार्यता को स्पष्ट करता है। किंतु पूँजीपरस्त शास्त्रीय कर्मों के माध्यम से वैचारिक तथा व्यावहारिक कार्यों को एक-दूसरे से इस तरह अलग कर दिया गया है कि आपस में लेना-देना नहीं है। इसमें अगर अन्न के अभाव में एक मरता है, तब दूसरा अन्न महँगा बेचता है। इस तरह के राजनीतिक मूल्य अन्य सभी क्षेत्रों में भी कायम है। लेकिन राजनीतिक दलों के स्तर पर वास्तविकता

को वैज्ञानिक दृष्टि से देखने-समझने का काम नहीं हो रहा है। इसमें जन समर्थन नहीं मिलने का कारण यह नहीं है कि जनता नहीं चाहती है, बल्कि जनता के लिए जितना कुछ संभव है वह नहीं कर रहे हैं, उसका यह प्रतिफल है।

ऐसे में 'पूँजी संचयन की जरूरत तथा सांगठनिक ढाँचा में बदलाव' के संदर्भ में अलग-अलग विचार हो रहा है, जबकि सुधारवादी राजनीति के साथ नौकरशाही की दुरभिसंधि का प्रभुत्व कायम हो गया है। इस कारण राजनीतिक व्यवस्था में अभिजातवादी कुचक्र की भूमिका निर्णायक बन गई है। इसमें नौकरशाही की दमनकारी राजनीतिक रूपरेखा के शास्त्रीय पक्षों से मुक्ति के लिए विकल्प गढ़ने की राजनीति नहीं हो रही है, जबकि रोजा द्वारा सौ साल पहले इस सवाल को उठाया गया था। उसी समय वर्नस्टीन द्वारा कहा गया था कि मार्क्सवाद पुराना हो गया है, इसमें अब संशोधन की जरूरत है, क्योंकि पूँजीवादी उत्पादन की व्यवस्था ही अब समाजीकरण की ओर बढ़ रही है और मजदूर संगठन अपनी क्षमता के आधार पर बेहतर मजदूरी प्राप्त कर रहे हैं। इस पूँजीवादी व्यवस्था में कानूनी प्रावधानों तथा संसदीय कार्य-पद्धति के तहत सुधार का सिलसिला जारी है। किंतु पूँजी संचयन की भूमिका के विस्तार हेतु संस्थागत संरचना की राजनीति का उपयोग शास्त्रीय कवच के रूप में हो रहा है।

शास्त्रीय कवच की संस्थागत राजनीति

राज्य कोई अलौकिक संरचना नहीं है, बल्कि सामाजिक-आर्थिक विकास की ऐतिहासिक प्रक्रिया में सामाजिक आंदोलनों के प्रभाव का व्यवस्थित प्रतिफल है। इसमें मुद्रा परिचालन के आधारभूत ऐतिहासिक कर्मों से उदारवादी बुर्जुआ वर्ग पैदा हुआ है। इस 'प्राकृतिक ऐतिहासिक परिघटना को सामाजिक परिघटना' का रूप देने तथा उसे बनाए रखने के लिए ढेर सारे सामाजिक, आर्थिक, शैक्षणिक व राजनीतिक काम हुए हैं। इससे सामाजिक परिघटना और प्राकृतिक ऐतिहासिक परिघटना के बीच भिन्नता का पक्ष आज आमजन की आँखों से ओझल होते जा रहा है, जो स्वभावतया तथा अनिवार्यतः उत्पन्न होती है। इस संदर्भ को मार्क्स ने स्पष्ट किया है। फिर भी यह सवाल उठ रहा है कि मार्क्स 'समाज' के केवल 'आर्थिक विरचना' की बात करते हैं। इस 'पूँजीवादी विरचना' की मार्क्सवादी व्याख्या पर शंका उत्पन्न करने का सिलसिला जारी है। इसमें राजनीतिक अर्थशास्त्र के आधारभूत सामाजिक मूल्य को दबाने के लिए अब 'नागरिक समाज' के ढाँचे को पुनर्स्थापित करने संबंधी कार्य चल रहा है। फलतः वर्ग-संघर्ष की राजनीति को व्यावसायिक मूल्यों से प्रभावित होने का खतरा बढ़ गया है, क्योंकि जीवन के हरेक पहलू के बाजारीकरण की राजनीति चल रही है, जिसमें संस्थाओं के गठन,

प्रबंधन व संचालन संबंधी क्रिया का उपयोग पूँजीवाद की रक्षा के लिए हो रहा है।

अतः समाज का आर्थिक ढाँचा संबंधी बुनियादी बातें छुपती जा रही हैं, जबकि मार्क्सवाद-लेनिनवाद के अनुसार इस असली बुनियाद पर ही कानून और राजनीति का ऊपरी ढाँचा खड़ा होता है, जिसके अनुकूल 'सामाजिक चेतना' के रूप निश्चित होते हैं, क्योंकि भौतिक जीवन की उत्पादन प्रणाली के आधार पर आमजन के जीवन की सामाजिक, राजनीतिक और बौद्धिक प्रक्रिया तय होती है। इसलिए 'मनुष्यों की चेतना' उनके अस्तित्व को निर्धारित नहीं करती, बल्कि उनका सामाजिक अस्तित्व ही उनकी चेतना को निर्धारित करता है। किंतु समाज की भौतिक उत्पादक शक्तियाँ एक खास मंजिल पर पहुँचने के बाद तत्कालीन उत्पादन संबंधों से टकराती है, जिनके अंतर्गत वे उस समय तक काम करती रहती हैं। इस टकराव से आर्थिक बुनियाद के बदलने के साथ समस्त ऊपरी ढाँचा में बदलाव होता है। इसमें एक ओर जहाँ उत्पादन की परिस्थितियों का भौतिक रूपांतरण होता है, वहीं दूसरी ओर सामाजिक, राजनीतिक, शैक्षणिक, कानूनी, धार्मिक व दार्शनिक विचारों के स्तर पर विचारधारात्मक टकराव भी होता है, जिसके प्रति सचेत रहना आवश्यक शर्त है, क्योंकि व्यवस्थागत रूपांतरण के लिए इन सभी स्तर की समस्याओं से निपटना पड़ता है। इसके अभाव में 'पूँजी संचयन के प्रावधान' अब मेहनतकशों की कीमत पर गढ़े जा रहे हैं। इस कारण लोकतंत्र की राजनीति का केंद्रीय स्वरूप तानाशाही की ओर बढ़ गया है, जबकि रोजा द्वारा पूँजीवादी व्यवस्था को जन साधारण के अनुकूल बनाने की राजनीति को धोखा बताया गया है और इससे मुक्ति के लिए समाजवादी रूपांतरण की राजनीतिक आवश्यकता पर बल दिया गया है।

किंतु समाजवादी आंदोलन अब एक आदर्श बन गया है, क्योंकि पूँजीवाद के 'शास्त्रीय मूल्य का जनवादीकरण' और 'शास्त्रीय कर्मकांड के समाजीकरण' की राजनीति की बात नहीं हो रही है। इसके अभाव में ही सभी क्षेत्रा की कार्रवाई आज 'नियंत्रित लोकतंत्र' के शास्त्रीय दायरे में चल रही है। इसमें आत्मकेंद्रित पुस्तकीय कर्म का महत्त्व कायम होने से समाजवादी राजनीति में 'अहंभाव' व्यवस्थित हुआ है। इसलिए व्यक्तिवादी सोच की अस्मिता की रक्षा हेतु संस्थागत राजनीति का उपयोग धड़ल्ले से हो रहा है।

अतः विकास नीति व कार्यक्रम के वर्गीय विश्लेषण की राजनीति की अवहेलना लगातार हो रही है। फलतः संवेदना व चेतनाहीन मानवाधिकार संबंधी कार्यक्रम व्यवस्थित हो गए हैं। इसमें 'कानून का राज' तथा समावेषी विकास जैसा मिथक गढ़ा गया है और इसके अनुपालन की 'दलगत कार्रवाई की दलबंदी' से वर्गीय राजनीति को अप्रासंगिक बनाने की कोशिश हो रही है, जबकि जन समस्याओं की

स्थिति रोज-रोज गंभीर होती जा रही है। किंतु रोजा की वह उक्ति याद नहीं की जा रही है, जिसमें कहा गया है कि व्यवस्थागत अंतर्विरोधों के कारण उत्पन्न बुनियादी समस्याओं का समाधान पूँजीवादी व्यवस्था में न तो हुआ है और न हो सकता है, बल्कि पूँजीवादी उत्पादन की 'सामाजिक क्रिया का निजी पूँजी' में रूपांतरण होता है। इसलिए अब मेहनतकश जन साधारण के जीवन-स्तर को बेहतर बनाने वाले मानव सूचकांक की आकृति व प्रकृति को बदलना पड़ रहा है। इससे 'पूँजी संचयन की कार्य-प्रणाली' का स्वरूप बदल गया है। इसमें त्वरित कार्रवाई के नाम पर नये-नये कोषांग, आयोग, सभा, परिषद तथा समिति का गठन हो रहा है, जो सचमुच में बुर्जुआ समाज के मामलों का संचालन कर रहे हैं। किंतु इन संस्थाओं के लोकतंत्र विरोधी शास्त्रीय कवच को आमजन के बीच उजागर करने की राजनीति नहीं हो रही है, क्योंकि संस्थागत राजनीति के वर्गीय स्वरूप की विवेचना संबंधी काम बंद है।

संस्थागत राजनीति का वर्गीय मसला

समाजवादी आंदोलन में विकल्प की राजनीति शुरू नहीं होने के कारण शिक्षा, स्वास्थ्य, रोजगार, आवास, सुरक्षा, यातायात आदि संबंधी वर्गीय मसलों का शास्त्रीय स्वरूप जन साधारण को स्पष्ट नहीं हो रहा है, जबकि रोजा द्वारा इस राजनीतिक खतरा का उल्लेख करते हुए अन्यमनस्क सर्वहारा वर्ग में देशभक्ति के विकास की संभावनाओं को प्रकट किया गया है। लेकिन समाजवादी आंदोलन इस आशंका के प्रति सचेत नहीं है। इस राजकीय व्यवस्था में जन समस्याओं के समाधान संबंधी कार्रवाई में राज्य की भूमिका लगातार सीमित हो रही है, वहीं प्रशासकीय व व्यावसायिक संस्था का अस्तित्व निर्णायक बनता जा रहा है। इसी तरह लोकतंत्र की जगह भीड़तंत्र और लोकतांत्रिक प्रक्रिया के बदले व्यावसायिक व पेशागत मूल्यों को बाजार की जरूरत के अनुरूप व्यवस्थित किया जा रहा है। इसमें मेहनतकश जन साधारण की जनवादी तैयारी के नाम पर बाजारू विधान का अनुपालन हो रहा है। इससे समाजवादी राजनीति में नेताओं के बीच बाजार का पंडिताऊ अहम् संबंधी तत्त्व पैदा हुए हैं, जिसके कारण वर्गीय संघर्ष का मसला संस्थागत राजनीति के दायरे में कैद हो गया है।

यह राजनीतिक मसला तब कायम है जब 27 अप्रैल, 1922 को रूसी कम्युनिस्ट पार्टी (वोल्शेविक) की ग्यारहवीं काँग्रेस में प्रतिनिधियों के साथ अपने विचारों को साझा करते हुए लेनिन ने कहा था कि राज्य ने जिसे अपने हाथों में लिया है, वह उस तरह काम नहीं कर रहा है, जिस तरह हम सब चाहते हैं। इस स्तर के राजनीतिक संदेश के बावजूद पूँजीवादी उत्पादन की प्रक्रिया में आज परस्पर

सहकार व सहयोग की जगह शाख, उधार व ऋण की भूमिका पर भरोसा पैदा कर उसे बनाए रखने की प्रक्रिया जारी है। इसमें विनियमन के बढ़ावा हेतु आंतरिक ताकत पैदा करने की बात की जा रही है। इसके बावजूद कर्ज का पैसा डूब रहा है और बाजारू उपभोक्ता की क्षमता में कमी का सिलसिला जारी है। फिर भी 'पूँजी संचय की आधुनिक क्रियाविधि के प्रक्रम को विकल्प' का रूप देने का प्रयास हो रहा है, जबकि वैकल्पिक राजनीति में वर्गीय संवेदना आधारित सामाजिक चेतना के निर्माण का शास्त्रीय पक्ष सिद्ध हो चुका है। लेकिन समाजवादी सिद्धांत के इन व्यावहारिक पक्षों को शास्त्रानुकूल बनाने की कार्य-योजना के निर्माण व अनुपालन की राजनीति नहीं उभर रही है। उलटे समाजवादी संगठनों के बीच एक ओर जहाँ समाजवादी शास्त्रीय कर्मों के प्रति चिढ़ जैसी प्रवृत्ति का विकास हो रहा है, वहीं दूसरी ओर अलग-अलग सांगठनिक अस्तित्व बनाए रखने की सोच समृद्ध हुई है। इसमें 'निजी पूँजीवाद' के समानांतर 'राजकीय पूँजीवाद' को खड़ा रखने की वर्गीय राजनीति नहीं उभर रही है, जबकि राजकीय सत्ता के पास मानव व भौतिक संसाधनों का अपार भंडार है। लेकिन 'राजकीय सम्पदा' के संरक्षण, संवर्द्धन तथा विस्तार की राजनीति के वर्गीय परिप्रेक्ष्य को जन साधारण के बीच उजागर नहीं किया जा रहा है। फलतः समाजवादी संगठनों के बीच वर्गीय मसलों के आधार का लोप शुरू हो गया है।

वर्गीय मसलों के आधारभूत सवाल

राज्यसत्ता के वर्गीय परिप्रेक्ष्य को धुँधला करने वाली राजनीति का आज वर्चस्व कायम है, जिसके कारण समाजवादी राजनीति का तेज फीका पड़ता जा रहा है। फिर भी जन संघर्ष की कार्रवाई में सूत्रवत सोच पर आधारित राजनीति का प्रभुत्व बना हुआ है। इसमें सत्ता परिवर्तन की कार्रवाई के माध्यम से व्यवस्था परिवर्तन का भ्रम गढ़ा जा रहा है। यह राजनीतिक स्थिति पूँजी संचयन की प्रक्रिया के लिए उपयोगी औजार है। इसलिए संसद में शिरकत की बातें संसदवाद का रूप ग्रहण कर लिया है। राज्यसत्ता की इस संसदीय राजनीति में लोकतांत्रिक प्रक्रिया की जगह धनबल, जनबल तथा झूठ व फरेब की शक्ति को स्थापित किया गया है। फलस्वरूप जनता द्वारा चुनी गई सरकार द्वारा मेहनतकशों की राजनीतिक स्वतंत्रता छीनी जा रही है और किसी तरह के अधिकार व कानून के बिना जनता पर हिंसा करने वालों द्वारा जनता के बीच हिंसा लागू किया जा रहा है। इसमें हमारा वर्गीय शत्रु किधर है कौन हमारा मित्र है? जैसे सवालों को जानने, समझने तथा हल करने का मसला समाजवादी संगठन का मामला नहीं बन पा रहा है। इस कारण मेहनतकशों के बीच राजकीय पूँजीवाद का रुख स्पष्ट नहीं है। इस कारण उत्पीड़क

जाति का राष्ट्रवाद और उत्पीड़ित जाति के राष्ट्रवाद के बीच का अंतर खत्म करने हेतु अंधराष्ट्रवाद की राजनीति को प्रोत्साहन मिल रहा है।

परंतु लोकतांत्रिक संस्थाओं के जनवादीकरण और सार्वजनिक संरचनाओं के समाजकीरण की कार्रवाई से 'सामाजिक लोकतंत्र' का विकास अब भी संभव है। इसलिए लोकतंत्र में वर्ग-संघर्ष के अवसर का उपयोग तात्कालिक कार्यभार है। इस कार्यभार की अवहेलना की राजनीति हो रही है। फिर भी मेहनतकश जन-साधारण के जीवन-स्तर को बेहतर बनाने के लिए सक्रिय संगठनों के रोज-रोज के संघर्ष से एक क्रांतिकारी वर्गीय संगठन खड़ा किया जा सकता है। लेकिन वर्ग की राजनीति को बाहर से थोपने पर संगठन को बहुत दिनों तक अपरिपक्व बने रह जाने की आशंका है। इस राजनीतिक स्थिति में 'आधुनिक' (Modern) शब्द का आज किस अर्थ में उपयोग हो रहा है और किन लक्षणों को लेकर आधुनिक समाज को कैसे विशिष्ट बताया जा रहा है? जैसे मसले राजनीतिक मुद्दा नहीं बन रहा है। इस कारण समाज की गति के आर्थिक नियम का अर्थ क्या है? किसके लिए कितना व कैसे उपयोगी है? जैसे वर्गीय सवाल अनुत्तरित हैं, जबकि रोजा की स्थापना से यह स्पष्ट होता है कि वर्ग-संघर्ष के निरंतर अभ्यास से सर्वहारा आंदोलन की धार को प्रखरता प्राप्त होती है, जो जनवाद के लिए तार्किक आधार खड़ा करने का साधन है।

सामग्री संदर्भ

Luxemburg, Rosa (1904). Organizational Questions of the Russian Social Democracy, available at https://www.marxists.org/archive/luxemburg/1904/questions-rsd/index.htm

Luxemburg, Rosa (1906). The Mass Strike, the Political Party and the Trade Unions, available at https://www.marxists.org/archive/luxemburg/1906/mass-strike/

Luxemburg, Rosa (1900). Reform or Revolution, available at https://www.marxists.org/archive/luxemburg/1900/reform-revolution/index.htm

Hudis, Peter and Anderson, Kevin (2004). *The Rosa Luxemburg Reader*, Monthly Review Press: New York.

Lenin, V.I. *Collected Works*, Vol. 7, Vol. 20, and Vol. 33, available at www.marxists.org

6

Revisiting Rosa Luxemburg's Understanding of the Party in the Light of New Researches: Opening New Frontiers?

Sobhanlal Datta Gupta

I

One of the main reasons underlying Rosa Luxemburg's marginalization in the repertory of mainstream Marxism has been the standard allegation that she was opposed to the notion of a centralized and vanguardist Leninist party. Extending the argument further, it leads to the conclusion that she was opposed to organizational politics and in the name of espousing "mass line" she was an advocate of spontaneity and anarchism. The reference point is the classic debate between Lenin and Rosa Luxemburg centring around two seminal texts of 1904, namely, *One Step Forward, Two Steps Back* (Lenin) and *Organizational Questions of Russian Social Democracy* (Rosa Luxemburg), the latter being a trenchant critique of Lenin's work. This paper first aims at a critical reevaluation of this understanding in the light of viewpoints broadly shared by Robert Looker, Mary Alice Walters, Max Shachtman and August Thalheimer. The focal point of this argument is that the standard allegations against Rosa Luxemburg constitute a distorted understanding. Second it considers the question raised in recent researches whether Rosa's position was fundamentally different from Lenin's and thereby the Bolshevik model. Third, it considers the question whether Rosa Luxemburg's position on the Party was flawed in the context of the German Revolution. Fourth, does Rosa's position on the Party envisage a more viable alternative to the standardized Leninist understanding and thereby open up new frontiers in our understanding of the Party?

II

Two English editors of Rosa Luxemburg's select writings, which they brought out in the 1970s, for example, Robert Looker and Mary Alice Walters, dismissed the charge of spontaneity against Rosa Luxemburg. Looker argued that it was not the "organization as such, but an organizational fetishism which ossified existing tactics and restricted opportunities for new initiatives" that constituted the real target of her criticism. Her response to Lenin was thus largely an outcome of her rather bitter experience with SPD's obsession with organizational forms and modalities, leading to the growth of bureaucratism in the party.[1] Similarly, Mary Alice Walters suggested that Rosa Luxemburg did not downplay the role of the party in providing political leadership but tended to confine it to the role of an agitator and a propagandist and deny its pivotal role in organizing the everyday struggle, since the Leninist concept of a combat party did not appeal to her.[2] Quite noteworthy is the position of Georg Lukács who in 1921-22 came out with two critical evaluative essays on her views on party organization and centralism, thus reviving the 1904 debate. In the first essay "The Marxism of Rosa Luxemburg," written in 1921, Lukács appreciated in a big way Rosa Luxemburg's emphasis on the importance of the masses and mass action and her trenchant critique of Bernstein's reformism and considered her analysis of the party as truly revolutionary in the sense that "the organization is much more likely to be the effect than the cause of the revolutionary process"[3] (Emphasis original). The other article, "Towards a Methodology of the Problem of Organization," written in 1922, however, was more critical of Rosa Luxemburg's understanding of the problem of organization. Lukács argued that, while she was certainly correct in highlighting the importance of mass actions and criticizing the traditional notion of organization in relation to the masses, her failure lay in the inability to develop real insights into the leading role played by the revolutionary party of the proletariat. Lukács, however, cautioned significantly against a mechanical imposition of discipline and leadership and stressed the importance of the conscious link between 'total personality' and 'party discipline', without which "the party will relapse into a state typical of a party on the bourgeois pattern."[4]

In the 1930s, with the commencement of the Stalin era, the Lenin-Rosa Luxemburg debate resurfaced. Max Shachtman, an American Marxist, wrote in 1938 that just as Lenin's views on organizational centralism bore the imprint of the Russian situation, so was Rosa Luxemburg's polemic against Lenin shaped by the situation in Germany. The historical mismatch between Russia's tyrannical regime under the Tsar and Germany's relatively open society, with a long tradition of working class movement under the leadership of the SPD, explains why Lenin's stress on ultra-centralism, focusing on professional revolutionaries,—an idea initially developed by Lenin in *What is to be done?*—was not echoed by Rosa Luxemburg,

August Thalheimer, one of the founder members of the KPD, in an essay "Rosa Luxemburg or Lenin?" published on January 3, 1930 in *Gegen den Strom*, the mouthpiece of the KPD (O), put forward a thesis which viewed this debate from a quite different angle. It was a defence of both Rosa Luxemburg and Lenin, the argument being that, while diehard Stalinists aimed at creating fissures between the two, the fact was that after the victory of Soviet power, Lenin had launched a programme of combating bureaucratization in the Soviet

Communist Party, validating Rosa Luxemburg's warning against overcentralization. Thalheimer's position was that the issue was not Rosa Luxemburg *or* Lenin but Rosa Luxemburg *and* Lenin, as there was a definite bonding of their ideas, despite differences.[5]

Therefore, the key conclusion that emerges out of this Lenin-Rosa debate is : while Rosa Luxemburg did, indeed, oppose the Bolshevik kind of ultracentralism, she was equally sceptical of the kind of organizational fetishism as espoused by the SPD. Her so-called defence of spontaneity was actually a call to consider the masses as the conscious subject of history. What she critiqued was not organization as a principle but organizational practices of a certain kind. It is precisely this which irked the SPD as well as the Stalinized Soviet Communist Party, their organizational practices being at odds with Rosa Luxemburg's understanding. Three central texts, namely, *Organizational Questions of Russian Social Democracy*, *The Mass Strike* and *The Russian Revolution* illustrate the trajectory of this thinking.

III

Since the beginning of the new era that commenced after the end of the Cold War and the fall of the Soviet Union, a number of scholars have made rich contributions towards a deeper understanding of Rosa Luxemburg's position on the Party. This new literature, however, is marked by two unique characteristics. First, unlike Thalheimer, Shachtman and others, who aimed at minimizing the differences between Lenin and Rosa Luxemburg and projecting the latter as a figure that belongs to the "Marxist-Leninist" legacy, in the emergent literature Rosa Luxemburg figures as an independent theoretician. Delinked from Lenin, she is presented as a thinker whose understanding of the question of the party now began to be considered as *fundamentally* different from the one shared by Lenin. Second, the reference point of this new discussion was no longer confined to the two 1904 texts of Lenin and

Rosa Luxemburg. The latter's critical remarks in *The Russian Revolution* on the emergent party regime in post-revolutionary Russia, which basically questioned the Bolshevik strategy of underplaying the importance of class as against party in the name of proletarian dictatorship, have figured prominently in the current discussion. While some of the representative viewpoints, reflective of this new interpretation of Rosa Luxemburg, would confirm it, interpretations which stick to the Lenin-Luxemburg continuity thesis are, however, also not lacking. Paul Le Blanc, for example, is a defender of this viewpoint. This is evident in a presentation "Lenin and Luxemburg Through Each Other's Eyes" in 2012 in China, where he reiterated August Thalheimer's understanding that what makes sense is not Rosa Luxemburg *vs.* Lenin but Rosa Luxemburg *and* Lenin.[6]

On the contrary, the late Narihiko Ito in a long essay "Dialectic of Centralization and Decentralization: The Organizational Question in the Thought of Rosa Luxemburg," written in 1979, highlighted a crucial point that the difference between Lenin's focus on centralism and Rosa Luxemburg's accent on mass action and spontaneity is to be explained in terms of their two quite different concerns. For Lenin, the goal was to build a party and the necessary organizational apparatus, while Rosa Luxemburg's concern was to rework the relation between the leaders and the masses, that is, to alter the relation between the bureaucratic leadership of the SPD and its mass following.[7] Consequently, Rosa Luxemburg and Lenin traversed two quite different paths in their understanding of the question of the party. For Ito, the differences were threefold. First, for Lenin, the primary focus was on rigidity and discipline, while for Rosa Luxemburg it was precisely these elements which had ossified the SPD; what was needed was to break out of them and unfold mass action. Second, for Lenin the party that he aimed at building up in Russia demanded secrecy; for Rosa Luxemburg, this "conspiratorial" style would encourage bureaucratization of the party. For SPD it was totally inappropriate, as it had already established itself as a gigantic mass party in Germany. Third, for Lenin, the agenda was to build a party, which would provide leadership to the struggle against an autocratic regime; for Rosa Luxemburg, on the contrary, the challenge of the hour was to transform the bureaucratized SPD into a real party of the masses.[8] For Rosa Luxemburg what mattered most was that the leadership would have to take the masses into confidence, while for Lenin the priority was to build up a leadership appropriate for a disciplined and centralized party.[9]

In 1982, Henry Topper viewed Lenin's and Rosa Luxemburg's notion of the party as mutually exclusive, when he pointed out that Lenin was essentially an advocate of vanguardism, which was unacceptable to Rosa Luxemburg. While elaborating this point, Topper pointed out that it was not a conflict between centralism and democracy but between two different notions of centralism. Rosa Luxemburg did not oppose centralism in principle; what she opposed was the kind of vanguardist centralism that Lenin defended. For Lenin, it was centralism via the vanguard, while Rosa Luxemburg's alternative centralism was inseparably intertwined with the notion of class itself.[10]

Ottokar Luban, who has extensively studied this question, also takes the position that there were *fundamental* differences between Lenin and Rosa Luxemburg on the question of centralism. In 2006, in a presentation in China under the title "Rosa Luxemburg's Criticism of Lenin's Ultra Centralistic Party Concept and of the Bolshevik Revolution," he made the point that there was a running thread of continuity between her critique of party centralism in 1904 and her critical commentary in the 1918 manuscript *The Russian Revolution*, where she put forward a trenchant critique of centralized party control that characterized the new political order in Russia. Between these two texts, Luban refers to three other texts, namely, *The Mass Strike* (1906), *Credo: On the State of Russian Social Democracy* (1911) and *The Junius Pamphlet* (1915), where Rosa Luxemburg consistently defended her criticism of Leninist centralism, the overarching authority of the Central Committee and the conscious, active role of the masses in working out the agenda of socialism. Luban highlights the importance of *Credo*, discovered and published for the first time in 1991, where Rosa Luxemburg scathingly attacked "Lenin's inclination to resolve problems and difficulties in the development of the Russian Party mechanistically, with fists and knives, an inclination that is dangerous for the party."[11] After taking stock of Rosa Luxemburg's critiques, Luban concludes: "Rosa Luxemburg's criticism of Lenin's ultra centralistic party concept in 1904 and in 1918 was not an occasional polemic due to a special political situation but has its origin in the fundamental differences on the way to realize socialism. Otherwise Luxemburg recognized that the Bolsheviks had made as the first party the successful attempt for a socialist revolution. And she was hoping that the Bolsheviks would change the methods she criticized if the European or at least the German revolution were to succeed. Luxemburg and the Bolsheviks had in common the socialist goal but differed in the method of realization."[12]

IV

The issue of leadership and spontaneity surfaced again in 1918 when the German Revolution broke out. Rosa Luxemburg in a series of articles made an extensive analysis of how the German Revolution unfolded, leaving behind interesting clues to her understanding of this tragedy. In the light of new materials which were previously unknown it is now possible to consider two interrelated questions. One, in her defence of the Räte (Councils) of the workers and soldiers as the springboard of revolution was she guided essentially by the spirit of spontaneity? Two, did she really endorse the call for an armed uprising, which was enthusiastically defended by the Spartacists? In other words, how fair is it to blame Rosa Luxemburg for the failure of the German Revolution?

Regarding the first question, Walter Held, as early as

1939, in his polemic with Max Shachtman, denounced Rosa Luxemburg for her underestimation of the importance of organization in her reading of the German Revolution. Its implication was that she was guided by a Utopian vision, which attached priority to spontaneity, the elemental power of the masses. Held argued that, first, this understanding was based on the wrong presumption that the Spartacists represented the mood of the majority of the German proletariat, an impression that was contrary to reality. Second, she believed in a mass line, detached from the party, which was wrong.

In 1942-43 in a long essay "Why the German Revolution Failed," Held argued that while the USPD and later the KPD failed in their assessments of the German Revolution, Lenin and the Russian Bolsheviks too made a wrong estimate of its prospects.

The twists and turns of the German Revolution, beginning with the fall of the Kaiserreich in November 1918 and ending with the bloody suppression of the Spartacist uprising in January 1919 clearly differentiated the case of the German Revolution from that of the Russian Revolution. The German Revolution was far more complex than its Russian counterpart and recent studies[13] confirm that it would be an oversimplified generalization to conclude that Rosa Luxemburg's understanding of the revolution was coloured wholly by the idea of spontaneity or that she unconditionally endorsed the Spartacist strategy of armed uprising. Historically speaking, the fall of the Kaiserreich and the proclamation of the Republic in November 1918 opened up two different roads before Germany, namely, revolution and reform. Despite many differences, the USPD and all other militant streams of the German working class movement, inspired by the example of the Russian Revolution, called for the proclamation of a socialist republic, while the SPD leadership stuck to limiting it to the establishment of a bourgeois republic. It was, in other words, a political and an ideological battle between two programmes: socialism and capitalism. However, while the new conservative government, headed by Ebert and Scheidemann, which now came to power, ruthlessly stuck to its agenda, the German Left was marked by internecine rivalry, divisions, splits and lack of appropriate leadership. It needs to be kept in mind that Rosa Luxemburg developed her understanding of the German Revolution in this atmosphere of cynicism and distrust that marked the Left between November 1918 and January 1919. Consequently, her position was reflective of this confusion and chaos that gripped Germany during this period.

Explaining the failure of the German Revolution, Gabriel Kuhn has identified the following factors: vagueness about the idea of council communism, which was a Russian phenomenon, as evident in the propagation of the idea of the soviets (in fact, Rosa Luxemburg picked it up from the experience of the 1905 Russian Revolution); failure to develop any unified organization and a central strategy; lack of any previous revolutionary experience; the counterrevolutionary tendencies within the SPD; the failure to measure the striking potential of the reactionary forces in Germany, as evident particularly within the military; the exhaustion of the workers and soldiers after years of war; the propaganda of the press, the prevailing conservatism of the German society, the lack of any deeply rooted internationalism.[14]

Ottokar Luban has addressed the question of Rosa Luxemburg's understanding of the German Revolution in great detail, providing interesting clues to the clarification of the question whether she was an advocate of spontaneity and opponent of organizational principles. Thus, he points out that one argument underlying this allegation, as advanced especially by the historians of the former GDR and the Soviet Union, was that Rosa Luxemburg should have called for establishment of the KPD during the turbulent days of the November Revolution in Germany in 1918 instead of postponing it till 31st December. That she did not proceed in this direction is explained by the argument that she underestimated the importance of party organization and overestimated the power of mass struggles.[15]

Luban rebuts this position on two grounds. First, he shows that, while it is true that Germany, indeed, was rocked by strike struggles throughout 1916-November 1918, there was severe police repression too against the Socialists, which made it quite impossible for founding a new political party of the Left as long as the Kaiserreich was in power. Thus, in 1917 the attempt of the left radicals of Bremen twice to create a new leftist party for Germany was foiled by the Kaiser's political police. Second, since there were already two Socialist parties, namely, the SPD and the USPD, the demand of the hour was unity of the labour movement. The formation of a third party on the occasion of the November Revolution in Germany would have sent a wrong signal to the working class.[16]

Those who criticized Rosa Luxemburg for her alleged defence of spontaneity extended their argument further, addressing a more sensitive question: is it not true that she and the KPD were advocates of the adventurist, putschist line of the Spartacists, which ended in disaster? Ottokar Luban, in a long essay under the title "Rosa at a Loss. The KPD Leadership and the Berlin Uprising of January 1919: Legend and Reality," has meticulously documented the course of events leading to the abortive uprising, refuting thereby this rather simplistic conclusion.[17] New archival materials, the most important of which is an unknown manuscript of Pieck[18], indicate that although within the Spartacus group and the KPD Wilhelm Pieck and Karl Liebknecht justified the strategy of armed insurrection. Rosa Luxemburg, in principle, opposed this line and questioned its rationale. Second, although at the end she did not oppose it, her understanding was largely influenced by factors over which she did not have much control. Third, her assessment of the situation was to a large extent marked by a somewhat wrong estimation of the revolutionary potential of the masses.

New evidences show that the plan of armed uprising against the Ebert-Scheidemann government was primarily worked out by the militant shop stewards and not by the

KPD, with the support of Pieck and Liebknecht. They formed a 33-member Revolutionary Committee, which to a large extent succeeded in motivating the people to rise against the SPD Government. Rosa Luxemburg was not at all in favour of this strategy and she developed sharp differences with Liebknecht on his question. Sticking to her old position, which she upheld for years, her central argument was that without assurance of majority support and without proper planning this strategy would prove abortive. Besides, there was no central leadership nor was there any coordination among the KPD, the USPD, the Spartacists and the shop stewards. But as Berlin was hit by mass demonstrations, agitations and strikes in the early days of January 1919, the Pieck-Liebknecht group considered them as signs of the readiness of the masses to opt for an armed uprising against the Ebert-Scheidemann government. Rosa Luxemburg, perhaps impressed by these developments, shed her initial hesitancy and agreed that the Ebert–Scheidemann government "had to be removed… they had to be driven out of power" along with their supporters, although she clearly rejected the tactic of a mere putsch: "To remove the Ebert–Scheidemann government does not mean storming into the Reichskanzlerpalais and chasing away or arresting a couple of people, it means above all seizing the real positions of power and also to *hold on to and make use of them*."[19] (Emphasis original) What was new in Rosa Luxemburg's understanding was that first, the mass line was not enough unless politically it could be translated into the voice of the majority; second, without organizational preparation the strategy of an armed uprising would be a failure.

While this position was clearly indicative of a shift in Rosa Luxenburg's position on the Party, her ultimate resort to the hand of history in her last writing "Order Reigns in Berlin" was a reflection of her own rather confused reading of the German Revolution. As she witnessed the coming defeat of the German Revolution and sought refuge in history, what perhaps eluded her was that the militancy of the masses was not necessarily reflective of their inclination towards socialism. This is where her understanding went wrong, as her agenda was transformation of the bourgeois democratic republic into a socialist one in the post-November period, although she did not favour either putschism or Social Democratic reformism.[20] This was the Bolshevik strategy in the post-February 1917 situation and Lenin's party succeeded in working it out. In Germany those conditions were missing, which not only Rosa Luxemburg but the entire German Left failed to assess.

V

All these are evidences of Rosa Luxemburg's alternative understanding of the Party, as distinct from the mainstream Leninist model. Regarding Rosa Luxemburg's understanding of an alternative Party of the Left, in her own lifetime she had two models of the Party before her : the SPD and the Party of the Russian Bolsheviks and she was a sharp critic of the centralized and ultracentralized organizational structures of both. Although she did not present any third alternative the central axis of her criticism that the Party cannot be a substitute for the masses and that the masses being the ultimate sovereign the Party has to be in constant negotiation with the masses to provide vital clues towards understanding of an alternative Party. But this presupposes that however militant today's popular movements might be, they will not go beyond the demands of immediacy and will not be translated into a political agenda against neoliberalism without political leadership/organization under the auspices of a truly revolutionary Party of the Left. The idea of a popular alliance, which is unfolding in many countries, is actually an expression of the inability of the traditional Communist Parties to make themselves acceptable to the people. An alternative Party of the Left today demands: (a) They have to discard the idea that it is the vanguardist model alone which is the hallmark of an authentic Left Party. It has to restructure itself by shifting from the position that the Communist Party is the repository of superior wisdom to the idea of recognition of pluralism, the voice of difference, which was so strongly highlighted by Rosa Luxemburg. This involves the idea of party-mass negotiation at all possible levels, so that the Party never gets alienated from the pluralist components of society. While the vanguardist notion puts the Party above the masses, the Luxemburgist understanding transforms it into a Party of the masses. That the vanguardist understanding reduces the Party to an apparatus of domination, as distinct from a structure of hegemony (in Gramscian sense), was realized by Lenin too in the last years of his life, when he in his *Letter to the Congress* categorically laid down the steps to be taken to curb and control the overarching power of the Communist Party, to displace it from the position of domination to that of hegemony. He warned against the growth of bureaucratism in the Bolshevik Party and suggested that, while the workers' inspectorate had proved unable to act as a safety valve, the need of the hour was to induct more ordinary workers in the central committee (ranging from 50 to 100).[21] This has striking similarity with what Rosa Luxemburg had said about the SPD much earlier. In her letter to Henriette Roland Holst dated December 17, 1904 she suggested that the only way to fight opportunism in the SPD was to go neither for artificial adventurism nor for a sudden call to go "out in the street," but to completely change its style of work and ask the masses to consciously energize themselves and move forward.[22]

Perhaps Rosa Luxemburg still cherished the optimistic feeling that the Party had the possibility of being restructured and so she did not envisage any alternative to the Communist Party. (b) For the Communist Party to emerge as a true Party of the revolutionary Left, it has to cultivate inner-party democracy in the true sense of the term. Rosa Luxemburg had no first hand experience of the functioning of the Bolshevik Party but she had vast experience of how the SPD operated. In numerous articles and letters she expressed her strong resentment against the way the SPD was bureaucratized and this provides very important clues to the understanding of how the absence of a proper democratic culture promotes not only bureaucratization but also corruption within the Communist Party, leading to a complete distortion of the idea of democratic centralism and its degeneration. (c) Besides, Rosa Luxemburg highlighted an issue the relevance of which needs to be especially recognized. This refers to the importance that she attached to the task of the Party in the cultural enlightenment of the masses in the spirit of Marxism. This makes Luxemburg the pioneer of a tradition in European Marxism which is normally associated with Gramsci. This alone would prepare the masses intellectually for the readiness to build and accept socialism. This is most vital today, because protest movements against neoliberalism will ultimately yield no result unless the masses become aware of the necessity of a superior alternative, not only politically, but also culturally. But if this is done mechanically in the form of party diktat, as it happened in the erstwhile socialist countries, the result would be counterproductive.

Finally, in the light of Rosa Luxemburg's understanding of the Party and Lenin's trenchant critique of the monstrous party regime that was fast emerging in post-revolutionary Russia before his very eyes and of which he was a living witness, perhaps it will not be wrong to conclude that Lenin was actually pleading for a return to *State and Revolution* in the closing years of his life. Lenin's aforesaid *Letter to the Congress* was a pointer to the necessity of going back to the labouring masses in order to control party bureaucracy, the profound implication of which is yet to be properly assessed. But it will not be perhaps wrong to conclude that this was a clear shift in Lenin's understanding of the Party whereby Lenin joined hands with Rosa Luxemburg. Lenin, awaiting approaching death, was speaking in a voice which almost echoed the voice of Rosa in *The Mass Strike* and *The Russian Revolution*. They differed in life, now in death they met.

NOTES

1. Robert Looker (ed.), "Introduction" in *Rosa Luxemburg: Selected Political Writings* (New York: Grove Press, 1974), pp. 23-24.
2. Mary Alice Walters (ed.), "Introduction" in *Rosa Luxemburg Speaks* (New York: Pathfinder Press, 1970), p. 20.
3. Georg Lukács, "The Marxism of Rosa Luxemburg," in *History and Class Consciousness. Studies in Marxist Dialectics* (London: Merlin Press, 1971), p. 41.
4. Georg Lukács, "Towards a Methodology of the Problem of Organization," in ibid., pp. 319-20.
5. August Thalheimer, "Rosa Luxemburg or Lenin?" *Gegen den Strom*, January 3, 1930, https://www.marxists.org/archive/thalheimer/works/rosa.htm.
6. Paul Le Blanc, "Lenin and Luxemburg Through Each Other's Eyes," *Links*, January 3, 2013. http://links.org.au/node/3174. Accessed on 5 August 2015.
7. Narihiko Ito, "Dialektik der Zentralisation und Dezentralisation: Die Organisationsfrage im Gedanken Rosa Luxemburgs," in *Wegweiser zum Gedanken Rosa Luxemburgs* (Guide to the Thought of Rosa Luxemburg) (Tokyo: Jungetsusha, 2007), p. 142.
8. Ibid., pp. 147-53.
9. Ibid., pp. 156-57.
10. Henry Topper, "Lenin or Luxemburg: Alternative Views of the Party," *Praxis International* 1(1982): 48. https://bataillesocialiste.files.wordpress.com/2008/07/topper.pdf Accessed on July 10, 2015.
11. Rosa Luxemburg, "Credo: On the State of Russian Social Democracy," in *The Rosa Luxemburg Reader*, Peter Hudis and Kevin B. Anderson (eds.) (New York: Monthly Review Press, 2004), p. 272.
12. Ottokar Luban, "Rosa Luxemburg's Criticism of Lenin's Ultra Centralistic Party Concept and of the Bolshevik Revolution."http://www.workerscontrol.net/activists/rosa-luxemburg%E2%80%99s-criticism-lenin%E2%80%99s-ultra-centralist-party-concept-and-bolshevik-revoluti. Accessed on August 7, 2015.
13. Gabriel Kuhn (ed.), *All Power to the Councils! A Documentary History of the German Revolution of 1918-1919* (CA, Oakland: PM Press, 2012) is one such study which has meticulously

documented the course of the German Revolution. For a systematic account of the rise and fall of the Revolution between November 1918 and January 1919 also see Stan Crooke's two-part article, "The German Revolution, November 1918," *Workers' Liberty*, http://www.workersliberty.org/story/2008/11/22/german-revolution-november-1918 and "How the Reformists Saved Capitalism. The German Revolution, 1918-19," *Workers' Liberty*, http://www.workersliberty.org/story/2008/12/04/how-reformists-saved-capitalism-german-revolution-1918-19. Accessed on August 4, 2015.

14. Ibid., p. xiii.
15. Ottokar Luban, "Rosa Luxemburg and the Revolutionary Antiwar Mass Strikes in Germany During World War I." http://www.internationale-rosa-luxemburg-gesellschaft.de/Downloads/RL%20German%20Antiwar%20Mass%20Strikes%20-%20Chicago.doc. Accessed on August 10, 2015.
16. Ibid.
17. Ottokar Luban, "Rosa at a Loss. The KPD Leadership and the Berlin Uprising of January 1919: Legend and Reality," *Revolutionary History* 8, No. 4 (2004): 19-45. For the full text on the web, see http://www.ottokar-luban–rosa-luxemburg-forschung.de/Downloads/RLJan19-ENGL-Rev-Hist.doc. Accessed on August 15, 2015.
18. This manuscript entitled "On the History of the KPD, written by Wilhelm Pieck" is in the form of a diary covering the period from 28 October 1918 to 10 February 1920. For further details about this archival document see Ottokar Luban, "Demokratische Sozialistin oder 'blutige Rosa?' Rosa Luxemburg und die KPD-Führung im Berliner Januaraufstand 1919," *Internationale wissenschaftliche Korrespondenz zur Geschichte der deutschen Arbeiterbewegung* 33, No. 2 (June 1999), footnote 10: 179-180.
19. Luban, "Rosa at a Loss."
20. See in this connection Ben Lewis, "Luxemburg: Rosa and the Republic," *Weeklyworker*, Issue 981(10 October 2013). http://weeklyworker.co.uk/worker/981/luxemburg-rosa-and-the-republic/ Accessed on August 15, 2015.
21. V.I. Lenin, "Letter to the Congress," *Collected Works*, Vol. 36 (Moscow: Progress, 1971), p. 597.
22. Rosa Luxemburg, *Gesammelte Briefe*, Vol. 6 (Berlin: Dietz Verlag, 1993), p. 103.

7

Capital Accumulation and the Question of Organization

Arun Kumar Mishra

The catastrophic crisis that engulfed capitalism in the era of neoliberalism, has forced bourgeois economists to once again look towards Marx and also to seek a fresh solution of the crisis within the framework of the capitalist mode of production. In the 1930s it was Keynes who came to the rescue of capitalism with the theory of the new deal through state investment in generating employment to put money in the hands of the working class to turn them into consumers of goods and services provided by the capitalist class. It was also the era of crisis free ascendance of socialism which posed a direct challenge to the crisis-ridden capitalism. According to acclaimed Marxist economist, Prabhat Patnaik, the post-Second World War period was the golden age of capitalism and also the age of revolutionary upsurge in various parts of the world which saw the emergence of China, Vietnam, Cuba and North Korea as socialist countries and the liberation of colonial countries which was directly influenced by the Soviet Socialist Republic and its decisive role in defeating Nazi Germany, thus heralding an era of socialist revolution as envisaged by the great Lenin, in his seminal work, *Imperialism: The Last Stage of Capitalism*.

The demise of the Soviet Union, a bulwark against American imperialism paved the way for the counter revolutionary onslaught of neoliberalism based on Washington's consensus.

The rightward shift on the world scale and the emergence of leaders like Trump, Balsenaro, Modi, Johnson, etc are the direct outcome of the counter revolutionary situation.

The triump of capitalism and so-called end of ideology lies in tatters as neoliberalism faces the worst systemic crisis leading to wars, climate change, emergence of all sorts of xenophobic, racist and fascist forces posing a direct existential crisis for humanity as a whole.

Maximization of the profits is the motive force of capitalism that has left the accumulation of capital in the hands of one per cent at the unprecedented scale while the pauperization of the 99 per cent masses goes apace. I am not going to provide data for such ugly accumulation of capital. Picketty and Joseph Stiglitz have done commendable work and have brought to the fore the unsustainability of the neoliberal regime. It is another matter that these economists are trying to save the capitalist mode of production by another round of demand management.

We must look back at the history of accumulation of capital from the onset of the capitalism mode of production.

In *Capital* Marx analysed the process of primitive accumulation which is the genesis of the capitalist mode of production.

With the development of the process of accumulation there takes place the development of productive forces. The investment of capital is increasingly oriented to the purchase of means of production, hence the relative decline in investment in labour power. The number of employed workers thus does not increase at the same pace as the investment of capital. It forms what Marx called the industrial reserve army of the mass of unemployed. People who are available for varying needs of capital and who exert ever increasing pressure on the employed are forced to work in growing conditions of exploitation.

At the same time capital is concentrated in the hands of an

even smaller number of large capitalists who displace others who do not have the capacity to invest and innovate.

The process of accumulation requires increasing masses of surplus value which is achieved in other ways by increasing the productivity of labour. Marx showed that within the capitalist mode of production, methods of increasing the productivity of labour turn against the workers.

In *Capital* Karl Marx also analysed the process of primitive accumulation that is the genesis of the capitalist mode of production and with which the separation between the producer and his means of production took place. The basis of this process was the separation of the peasants from the land, Consequents, to war looting, fraud, alienation and general subjection through violence were the means of production, forced to put their labour power on sale.

In his brilliant essay in the October-December issue of *Marxist*, Prabhat Patnaik discusses the controversies regarding primitive accumulation and says it is achieved through several ways. He cites a letter by Marx to N.F. Danielson, the Narorodnik economist where he talks about the drain of resources in India.

> What the English take from them annually in the form of rent, dividends for railways useless to the Hindus, pensions of military and Civil Service men for Afghanistan and other wars etc, what they take from them without any equivalent and quite apart from what they appropriate to themselves annually within Indias speaking only of the value of commodities. The Indians have gratuitously annually to send over to England, it amounts to more than the total sum of income of the sixty million agricultural and industrial labour of India. This is a bleeding process with a vengeance.

In the earlier phase of rising capitalism they colonized different parts of the world and looted the natural resources by force and destroyed the indigenous manufacturing units what so ever to usurp the embryonic markets of those countries.

Rosa Luxemburg in her greatest work, *The Accumulation*

of Capital wrote about the expansion of colonialism and said that capitalism can grow as long as there were pre-capitalist societies to be exploited. When all these societies had been absorbed into the process of capitalist accumulation, the capitalist system would collapse, since it proceeds by assimilating the very conditions which alone can ensure its existence.

The move ruthlessly sets out the destruction of non-capitalist strata at home and in the outside world the more it lowers the standard of living for workers as a whole the greater also the change in the day-to-day history of capital. It becomes a string of political and social disasters and convulsions. Under these conditions punctuated by periodical economic catastrophes or crises, accumulation can go on no longer. At a certain stage of development there will be no way out other than the application of socialist principles.

Lenin disagreed with Rosa on the issue of the automatic breakdown of the process of capitalist production and its replacement by socialist order. But Rosa Luxemburg's broad account of economic imperialism and its devastating impact on underdeveloped societies continues to be relevant.

What we see today has been aptly summarized by Prabhat Patnaik in his essay on primitive accumulation of capital.

Primitive accumulation is carried out in the name of development itself where peasant lands are taken over for a song for industrial and infrastructure development all of which also have real estate components. Not only is the peasantry that legally owned their land sqeezed in the process but also the entire group of tenants and agricultural labourers whose rights on the land are not even recognized when such a takeover of peasant land occurs.

While elaborating on the various ways of accumulation of capital he says that the process of primitive accumulation in the Third World only increases impoverishment. Where such accumulation squeezes the income or rights of petty producers they linger on in their traditional habitats. Their impoverishment is obvious where they migrate to the towns and cities in quest of employment even to employ the natural growth of workforce, let alone the migration from the countryside where there is similar impoverishment. What is more, such impoverishment now also encompasses even the already employed workers. This is because their bargaining strength declines owing to the swelling of the relative size of the reserve army of labour.

When the issue of praxis arises in this context should the progressive forces oppose the primitive accumulation of capital occurring under neo-liberalism in the Third World because it accentuates poverty? Or should they eschew opposition to it on the ground that it is a necessary part of the process of development of the material productive forces and on the transformation of society in a modern direction?

This is the dilemma before the left and its inability to confront this dilemma has been an important factor in the decline of the left in the Third World under neoliberalism.

While analysing the present phase of capital accumulation on the world scale under the neoliberalism order, it is imperative to think about the organization as the different voices have been raised against the Leninist approach to organization and the vanguard role of the Communist Party to transcend the capitalist mode of production.

The controversy on organization dates back to the early phase of the Communist movement but it fell upon Lenin to formulate a comprehensive organizational framework to carry out the revolutionary task for the emancipation of the exploited class the world over.

The classic battle between Martov and Lenin over the process of recruitment of party members in Tsarist Russia gave birth to a new type of revolutionary party based on democratic centralism.

Though Rosa Luxemburg was very critical of this organizational set-up but she never questioned the seizure of power by the Bolsheviks. She was very anxious about what happens after the revolution, what can be done to ensure that the new class or bureaucracy does not take over afterwards. Is it possible for a revolutionary process to continue in "permanence" so that the transcendence of alienation can be achieved?

After the collapse of the Soviet Union and other East European socialist states along with it and China's embrace of market socialism, Rosa Luxemberg's observation is extremely relevant.

In today's context we have seen many spontaneous movements breaking out against neoliberalism in many parts of the world. The early phase of neoliberalism saw the coming together of different forces under the slogan of a "new world is possible" but it soon petered out. The pink tide in Latin American countries is on the retreat giving way to rabid right wing forces. Only Cuba is holding out facing the most brutal economic blockade and threat of direct imperialist intervention.

The powerful mass movements in Egypt and other countries ended in installing regimes of authoritarianism of one type or another.

The so-called left of centre party Syrzia became the subservant regime of the IMF, World Bank and WTO.

Most of the European Communist parties embraced social democracy and destroyed themselves.

The Indian left has to take a concrete lesson from all these developments and while adhering to the scientific Marxist method of analysing the current day situation, fight for the alternative socialist world by upholding the vanguard role of the working class party keeping in mind the question raised by Rosa Luxemburg on the eve of the October revolution.

I am an activist and based on my own experiences and the recent upheavals against the neoliberal order on a world scale, I want to conclude that the revolutionary spirit of Marxism should never be diluted. As Marxism is not a closed ideology, it is incumbent upon us to see that it is not hijacked by the pseudo-Marxists to serve the interest of the capital. As Marxs has himself reminded us that the philosophers have interpreted the world in various ways and the main objective is to change it. This can only be brought about by a revolutionary Party based on the ideology of Marxism-Leninism.

REFERENCES

McLellan, David (2007). *Marxism after Marx*, Palgrave Macmillan: London.

Patnaik, Prabhat (2017). 'The Concept of Primitive Accumulation of Capital', *Marxist*, XXXIII, No. 4.

Communist Party of Mexico (Marxist-Leninst) (October, 2018). 'Karl Marx's Capital: A Weapon of Struggle of the Worker and Peoples', *Unity & Struggle*, No. 37.

8

What is Marxist-Humanism? Why Does It Take on New Importance Today?

Peter Hudis

First and foremost I wish to thank the organizers of the Conference that begins tomorrow on "Capital Accumulation and the Organization Question in Contemporary Times" for making it possible to have a dialogue with you. A dialogue is always a two-way discussion (the Greek term for this is *dialectic*). This means, in very practical terms, that I am not here to teach as much as to learn by hearing from your thoughts, experiences, and activities. This is not simply because I have only been in India a few times and have much to learn about its politics and culture. It is most of all because I do not believe that theory solely comes from the heads of theoreticians, let alone academics. People in their everyday lives constantly raise theoretical questions in confronting and opposing their conditions of everyday life, and the ideas that spring from them, as I see it, serves as the very source of revolutionary theory. As a Marxist-Humanist, I have long believed that practice can be a form of theory, and when it becomes so, theory becomes eminently practical. So I look forward to having a fruitful back and forth on our mutual interests.

Before doing so, allow me to say a few words about myself: I am from the United States, which means I live in the "belly of the beast"—the world's foremost capitalist and imperialist power. It may be the hardest place in the globe to be a revolutionary Marxist—not necessarily because of direct physical repression by the state (though that has been known to occur as well) but because living in a land so totally dominated by capitalist commodification generates a thousand ways of ensaring, coopting and marginalizing its critics, even without them always being fully aware that it is doing so. In the last several years, however, the US political and social system has descended to a level of depravity greater than ever seen in my lifetime. The amount of unbridled racism, sexism and immigrant bashing that has occurred in the US since Trump's election in 2016 is virtually without precedent. If there is one country in the world that conforms to Antonio Gramsci's comment that "when the old is dying and the new has not yet been born, all sorts or morbid symptoms appear," it surely has to be the US.

All hope is not lost, however, since the past several years has seen an upsurge of opposition, not just to Trump's administration, but to the very nature of US society that brought it into existence. Massive marches of women, sometimes half a million strong, have been held in the past several years at the same time as the MeToo movement has targeted the sexism of much of US society. New American-African, Latinx, and immigrant rights groups have forged protests and campaigns against police abuse, the prison warehousing of people of colour, and Trump's war on immigrants. And a growing number of youth are spearheading protests against the government's indifference to climate change. And most striking is the emergence of a new generation seeking to renew the idea of socialism. A recent poll disclosed that 55 per cent of those under the age of 30 in the US prefer "socialism" to "capitalism." Socialist organizations are growing rapidly; one went from 3,000 to 55,000 members in the last three years. The situation remains very dangerous, since far Right is powerful, the Democrats are divided and largely confused, and Trump has plenty of cards up his sleeve, like starting another war. Yet growing numbers of people are searching for an alternative to capitalism.

It is one thing for increasing numbers of people to show interest in a socialist alternative, however, and another to bring one into being. What makes developing such an alternative especially difficult is the legacy of failed efforts to create a socialist society. Social Democratic governments in both the developed and developing countries succeeded at times in introducing some valuable reforms, but they utterly failed to pose an alternative to capitalism; by the 1990s Social Democracy capitulated to neoliberalism, just in time for neoliberalism to in turn become discredited by the 2008 global financial crisis. The ensuing political void left the field open for resurgent xenophobic nationalism and racism. Meanwhile, the supposedly "socialist" regimes headed by Marxist-Leninist parties, despite obtaining freedom from imperialism in places like Russia or China, proved no less of a failure; their replacement of "market anarchy" with state-command economies led to repressive, hierarchical regimes in which the populace lacked both economic and political freedom. Instead of forging a transition to socialism, the so-called "communist" regimes replaced private capitalism with state-capitalism.

The problem we face today is that the idea of socialism and communism that was long advocated proved to be inadequate, and no alternative vision that speaks to the aspirations of masses of people has yet been developed to take its place.

So how do we begin anew? Is there an alternative conception of socialism that has been overlooked by the predominant tendencies on the Left? These questions are directly addressed by the philosophy of Marxist-Humanism, a tendency I have been associated with for many years. It first emerged in the 1950s and 1960s, in the US, Latin America, Europe, and Africa, as an effort to develop an alternative to both Social Democracy and authoritarian statist socialism. It did so through a creative return to and rereading of Marx's work in light of the realities of the post-Second World War age. Its founding figure in the

US was Raya Dunayevskaya, with whom I worked closely for many years. As part of opening up a discussion on our respective political and theoretical interests, I would like here to briefly convey how some of its ideas can contribute to the effort to rethink the concept of socialism in light of the realities of the 21st century.

First, it has long been claimed that capitalism is defined by the existence of private property in the means of production and socialism is defined by state or collective ownership of property. To be sure, capitalism very much depends on abolishing the property rights of the capitalist class. However, this is a necessary but *insufficient* condition for creating a socialist society. In his *Economic and Philosophic Manuscripts of 1844,* Marx takes issue with "crude communists" for presuming that the replacement of private with collective property ensures the abolition of capitalism. The negation of private property, he argues, is only a first, *partial* negation that does not by itself get to the essential issue—the transformation of conditions of labour. He refers to crude communism as the "abstract negation of the entire world of culture and civilization,"[1] in which alienated labour "is not done away with, but extended to all men."[2] It leads to a society, he states, in which "the community [is] the universal capitalist."[3] A "leveling-down proceeding from a preconceived minimum" does not transcend capitalism, but reproduces it under a different name. The fullest expression of this is that in such a system "a woman becomes a piece of communal and common property."[4]

Marx's statement that a fixation on changing property forms at the expense of conditions of labour leads to positing "the community [as] the universal capitalist"[5] is a remarkable anticipation of the regimes that called themselves "socialist" in the 20th century. Because he was a *dialectical* thinker who traced out in his mind the ultimate logical consequence of any political standpoint or theory, he was able to anticipate that the class of individual capital*ists* can be elminated without abolishing capital*ism* itself. According to Marx, if alienated conditions of life and labour remain intact, collective or state property can serve as the vehicle of domination as much as private property. And the most fundamental alienation of all, he showed, was the alienation in the very *activity* of labouring. An *actual* abolition of private property that frees workers from the domination of capital is achieved, he held, by transforming *human* relations—beginning with, but not limited to, the point of production. Which is why he called the relation between the sexes the "most fundamental" and the measure of how free a society is. *And freedom in any form cannot be achieved without thoroughgoing democracy.*

Marx underscores this in writing, "Private property is thus the product, the result, the necessary consequence of alienated labour."[6] It may seem he has it backwards: doesn't private ownership of the means of production cause workers to become alienated from the product of their labour? His point is that so long as workers are alienated from the *activity* of labouring, an alien group or class must exist that *forces* them to labour. As Dunayevskaya wrote in her first book, *Marxism and Freedom,* "As long as there exists 'power over individuals,' private property must exist. To Marx, private property is *the power to dispose of the labour of others.* That is why he so adamantly insisted that to make 'society' the owner, but to leave the alienated labour alone, is to create 'an abstract capitalist'...the abolition of private property means a new way of life, a new social order *only if* 'freely associated individuals,' and not abstract 'society,' become the masters of the socialized means of production."[7] What Marx wrote as a theoretical possibility in the 19th century, unfortunately, became a reality in the 20th century.

Second, it has long been claimed that socialism is defined by a planned economy, whereas capitalism is based on "the anarchy of the market." To be sure, capitalism is a chaotic system in which the products of labour take on a life of their own through the exchange of commodities, which subjects people to the lawless laws of the market. But is the abolition of a "free market" and its replacement by a state plan sufficient for abolishing the capitalist law of value? Dunayevskaya, who developed the theory of Stalin's Russia as a state-capitalist society in the 1940s, was the first in the West to call attention to the fact that Stalin revised the teaching of Marxian economics by proclaiming (in 1943) that the law of value operated in the Soviet Union. Before then all Marxists, whether friends or foes of Stalin's regime, held that the law of value and surplus value operated only in "anarchic" free market capitalism. The social relations introduced by Stalin's rapid industrialization under the Five Year Plans, the regime realized by 1943, could only be explained by admitting that the capitalist law of value continues to exist under "socialism"—albeit presumbly now practised in the interests of the masses. This radical revision of the Marxian notion of the law of value was of critical importance, since it defined the understanding of "socialism" among statists Marxists from then to this very day. As Dunayevskaya wrote in her detailed expose of this in 1944,

> There is incontrovertible evidence that there exists in Russia at present a sharp class differentiation based upon a division of function between the workers, on the one hand, and the managers of industry, millionaire *kolkhozniki*, political leaders and the intelligentsia in general, on the other. It is this that explains certain tendencies that began to appear after the initiation of the Five-Year Plans and have since become crystallized. The juridical manifestation of this trend culminated in 1936 in the abolition of the early Soviet constitution. The constitution that was adopted in its place legalized the existence of the intelligentsia as a special "group" in Soviet society. This distinction between the intelligentsia and the mass of workers found its economic expression in the formula: "From each according to his ability, to each according to his labour." This formula should be compared with the traditional Marxist formula: "From each according to his ability, to each according to his need." "Each according to his need" has always been considered a repudiation of the law of value. The document, however, states that "distribution

> according to labour" is to be effected through the instrumentality of money. This money is not script notes or some bookkeeping term but money as the price expression of value. According to the authors, "... the measure of labour and measure of consumption in a socialist society can be calculated only on the basis of the law of value.[8]

Clearly, neither the Soviet Union nor Mao's China abolished commodity exchange, abstract labour, profit, and production for the sake of augmenting value (or wealth in monetary form). In order to square theory with reality, the Stalinists admitted that what had heretofore been considered the defining principle of capitalism—the law of value and surplus—characterized statist command economies as well. But if that is so, were the so-called "socialist" states really fundamentally different from capitalist ones—especially since "free market" capitalism has learned how to plan, while Stalinist Russia that abolished the free market had failed to overcome chaos. She wrote,

> Yes, planning is essential to capitalism and has always characterized the factory production and production relationship for it is the wherewithal of extraction of the greatest amount of surplus value. No, planning is not essential, chaos is, because while within production there resides the tendency to go outside the limits of production, class relations and existing values impose a limit on it, which expresses itself in the anarchy of the market. At the same time capitalism can never really plan because its law of motion is impelled by reproduction according to socially necessary labour time set by the world market, and thus even if all conditions are met as to planning in factory, external planning as to market, and labour paid at value, the incessant revolutions in production of necessity mean the "development of productive forces of labour at the expense of the already created productive forces."[9]

While it appeared that economic planning from above—and hence *statist* control of society—was total in Stalin's Russia, this was actually not the case. The law of value signifies that it is never the *actual amount* of labour time expended in producing a commodity that establishes its value; instead, its value is determined by the *average* amount of time that is *socially necessary* to produce it on the world market. Since this average constantly shifts with technological innovations that alter the productivity of labour, no plan from above—not even a totalitarian one—can succeed in overcoming the constant imbalances and disequilibrium associated with value production. Totalitarian systems replace conflicts between competitive firms in the "free market" by shifting them to a higher level—to conflicts *within* the state bureaucracy (hence Stalin's constant purges and the endless feuds between the Gaue in Hitler's Germany).

Moreover, since Stalinist Russia retained universalized commodity production and wage labour, it encountered the same barrier as any "normal" capitalist society: an inability to stifle the resistance of the human subject. In capitalism (as Marx stressed) labour is *not* a commodity—it is an *activity*. The commodity is *labour power*—the *capacity* of labour, which is paid in the form of wages. Human relations in capitalism take on the *form* of things, but they are not themselves things—if they were, capital accumulation would be impossible, since *living* labour is the only source of value. Dunayevskaya therefore held that revolts *within* the Soviet empire were inevitable—proven true with the East German Revolt of 1953, the Hungarian Revolution of 1956 and, ultimately, the deep social discontent that led to the collapse of the USSR in 1991.

State-command economies, she held, "may be able to avoid the most extreme form of commercial crises, but even within the community itself [they] cannot escape the internal crisis of production... That is why Marx, throughout *Capital*, insists that either you have the self-activity of the workers, the plan of *freely* associated labour, or you have the hierarchic structure of relations within the factory and the despotic plan of capital. *There is no in-between*."[10]

Third, this raises the question of the relation between democracy and socialism. Is it possible for one to truly exist without the other? For statist and authoritarian Marxists, democracy was a "cumbersome mechanism" that must be cast aside in the transition to a new society (the term was used by Lenin and Trotsky to justify their suppression of democracy following the 1917 Bolsevik Revolution). Meanwhile, Social Democrats who supported political democracy abandoned the struggle for socialism in advocating Keynesian measures of income redistribution within a capitalist framework. As a result, neither succeeded in navigating a path out of capitalism.

Liberal democracy has obvious advantages over non-democratic systems, but it suffers from a severe limitation: the inability of legislation on the political or parliamentary level to fundamentally transform the property, class, and human relations of the capitalist mode of production. Capital, as Marx never ceased to emphasize, is the all-dominating force of modern society. Capital is self-expanding value, since monetary capital is invested with the aim of securing a higher return. If particular units of capital fail to achieve this, they are deemed "unproductive" and are destroyed (through wars or recessions and depressions). Capital is neither natural nor transhistorical: it is dominant *only* in societies characterized by a peculiar social form of labour—*alienated labour.*

What this suggests (at least to from a Marxist-Humanist standpoint) is that while it appears on the surface that the political state is the determining element in capitalism, it is actually dependent on the social relations of civil society. Democratic legislation can alter various aspects of capitalism, but it cannot transform its fundamental nature so long as the production and reproduction of social life is based on alienated social relations. Where the latter prevails, human relations take on the form of relations between things, and capital assumes a life of its own, irrespective of human needs and natural necessity.

The gains achieved by bourgeois or liberal democracy can therefore only be maintained in the long run by extending democracy to the *economic* sphere, which enables the populace to create freely associated conditions of life and labour. This constitutes a move towards what the young Marx called "true democracy." The achievement of true democracy is what enables socialism to first come into existence.

Fourth, socialism is often portrayed as a "fair" redistribution of value by re-directing the surplus product from the owners of capital to those who produce it—the working class. This is completely understandable, given the urgent need to redress the untenable social inequality that defines contemporary society. However, such an approach focuses on the distribution and consumption of value while failing to call into question the social relations that are responsible for value production (and hence the dominance of capital) in the first place. The effort to effect a "fair" redistribution of surplus value implies the continued existence of value production. And value production implies the continued existence of alienated labour—labour subjected to socially necessary labour time. In a word, *surplus* value follows from *value* production—not the other way around. The unequal distribution of property, money, and material wealth that defines today's capitalism follows from the nature of value production. The inequities that result from private ownership of the means of production can be ameliorated through public pressure and governmental legislation, but they are bound to become undermined once they come into conflict with capital's inexorable drive to maintain its rate of profit. And this is exactly what we have been living through with neoliberal economic austerity for the last 30 years. A politics of redistribution should therefore never be confused with socialism, whether achieved peacefully or violently: it should be called what it is—an effort to reform capitalism while maintaining the law of value and surplus value.

Why is it important to critique conceptions of socialism that have dominated leftwing discourse up to now? It is because time is running out: capitalism is commodifying ever-more sectors of everyday life to the point that it threatens to destroy the ecological basis of human civilization itself. We cannot afford to endure one more failed revolution or halfway house. While prior generations may have had the luxury of putting off or delaying the task of properly envisioning a truly *free* socialist society, we do not.

Moreover, the means that we employ in resisting and fighting capitalism depends upon the nature of the goal we are striving for. If the goal is simply to replace the domination of the market by that of the state, there is no need to question the relations of domination that we fall prey to in our everyday lives. Capital is not just a "thing" that exists outside of us; it is a social relation in which we are implicated. And at the heart of this social relation is the division between mental and manual labour, often expressed in the notion that the intellectuals do the thinking, talking, and leading, while "the masses" do the organizing, learning, and following. This separation between workers and intellectuals, which has been taken for granted by many who adopt the Leninist conception of a centralized vanguard party, has done tremendous damage. It explains why many have dropped away from radical organizations and why socialism is in crisis.

It has long been assumed by many on the Left that Lenin's distinctive contribution to Marxism lies in his theory and practice of organization. However, this is far from the truth. Lenin by his own admission was not an original when it came to matters of organization. As he states in innumerable places, he simply adopted the concept of organization that defined the Second International (most famously articulated by Karl Kautsky) for Russian conditions. Neither the "vanguard party" nor "democratic centralism" was Lenin's invention; both were staples of the Second International of which he was the product. Lenin's distinctive contribution to Marxism lies not in his theory and practice of organization—which long ago outlived its usefulness—but in his theory of imperialism, support of the national liberation struggles of oppressed minorities, and his direct return to Hegel in 1914, in which he declared, "It is impossible to understand Marx's *Capital* without knowing the whole of Hegel's *Science of Logic*."

Tragically, today's so-called "Leninists" make a fetish of his concept and practice of organization, even though it helped lead, following the 1917 Russian Revolution, to a single-party that constituted a new ruling class over the proletariat. Now that we know that centralized, hierarchical, and elitist concepts of organization pave the way for the recreation of capitalism in statist forms, it is surely time to embrace a radically different concept of organization that prevailed in 20th century Marxism.

Marxist-Humanists have never held or supported the concept of the elitist "party to lead." Yes, we need organization—most of all to provide intellectual enlightenment for the people, to provide the conceptual tools needed for them to liberate themselves. But it is not, as Rosa Luxemburg argued, about the party playing the schoolmaster to the masses. Radical organizations most of all need to *listen*, to hear new sentiments and demands that emanate from spontaneous struggles, and consider how they speak to the overall project of developing an alternative to capitalism. Decentralized forms of organization, such as committees, cooperatives, *soviets* are always more conducive for doing so.

This does not mean, however, that decentralized, horizontal forms of organization—which are clearly preferred by today's activists in the feminist, youth, environmental, and rank and file workers' movements—supplies *the* answer to the problem of organization. For while the social consciousness that springs from spontaneous struggles is of vital importance, "The question of class-consciousness," as Dunayevskaya wrote in her 1981 study of Rosa Luxemburg, "does not exhaust the question of cognition, of Marx's philosophy of revolution."[11] A philosophy of revolution rooted in Marx's Humanism is needed in order to develop a viable alternative to capitalism today. However, if it is assumed that the social consciousness that arises from the self-activity of the masses *does* exhaust revolutionary cognition, it follows that a philosophy of revolution that can give spontaneous revolts a direction becomes completely superfluous. Much of the anti-Leninist and anti-vanguardist left that has rightly rejected the elitist concept of a "vanguard party" holds to this assumption, as seen in the positions taken by autonomists, left communists, and anarchists. This has resulted in an abdication of responsibility on their part for providing spontaneous revolts with a vision of the future that can point the way to a viable alternative to capitalism. As Dunayevskaya cogently expressed it, "The myriad crises in our age has shown, over and over again... that without a philosophy of revolution activism spends itself in mere anti-imperialism and anti-capitalism, without ever revealing what it is for."[12]

It used to be said that first we need to figure out how to *make* a revolution and only later decide *what happens after the revolution*. Today the situation is reversed. Our conception of the future is what informs the kind of struggles that we need to be engaged in at the present. If socialism does not consist of the redistribution of surplus value, but rather the abolition of value production through the creation of non-alienated human relations, it follows that issues of class cannot be prioritized over those of gender, sexual identity, race, ethnicity or caste: after, each one of these concern the quality and fabric of human relations. Marx focused on the class struggle since it was the major social force on the scene in his time; clearly, the working class is not the sole force of revolt in our time. But even in his time, Marx called his thought "a thoroughgoing naturalism or humanism, that distinguishes itself from both idealism and materialism, and is at the same time the truth uniting them both."[13] He did not mean by this a classless humanitarianism that aims to make peace with existing society; on the contrary, he defined genuine communism as a humanism that seeks to free humanity from "all relations in which the human essence manifests itself in an inhumane manner in opposition to itself."[14]

Marx's followers largely overlooked this vision of emancipation, but the realities of the past hundred years shows we cannot afford to do so ourselves. I therefore look forward to a fruitful discussion in which we can better understand how to develop a viable emancipatory alternative to *all* forms of capitalism, both in India and the US.

NOTES

1. *Economic and Philosophic Manuscripts of 1844*, in *Marx-Engels Collected Works*, Vol. 3 (New York: International Publishers, 196), p. 295.
2. Ibid., p. 294.
3. Ibid., p. 295.
4. Ibid., p. 294.
5. Ibid., p. 295.
6. Ibid., p. 279.
7. Raya Dunayevskaya, *Marxism and Freedom, from 1776 Until Today*. Amherst, NY: Humanities Books, 2000, pp. 59-60.
8. Raya Dunayevskaya, "A New Revision of Marxian Economics." *The American Economic Review*. Vol. 34:3, September 1944, pp. 53137.
9. Raya Dunayevskaya, "Letter to Grace Lee" [February 1, 1949]. In *The Raya Dunayevskaya Collection—Marxist-Humanism: A Half Century of its World Development*. Detroit: Wayne State University Archives of Labor and Urban Affairs, p. 9247.
10. *Marxism and Freedom*, p. 136.
11. Dunayevskaya. *Rosa Luxemburg, Women's Liberation, and Marx's Philosophy of Revolution* (New Delhi: Aakar Books, 2016), p. 60.
12. Ibid., p. 184.
13. *Economic and Philosophic Manuscripts of 1844*, p. 336.
14. Ibid., p. 331.

Notes on Editor and Contributors

Editor

Ravi Kumar teaches Sociology at South Asian University, New Delhi. His works include [co-authored 2019] *Against The Nation: Thinking Like South Asian*, New Delhi: Bloomsbury; [co-edited, 2018] *Sociology and Social Anthropology in South Asia: Histories and Practices*, New Delhi: Orient Blackswan; [edited, 2016] *Contemporary Readings in Marxism: A Critical Introduction*, New Delhi: Aakar Books; [edited, 2015] *Neoliberalism, Critical Pedagogy and Education*, New Delhi and London: Routledge; [co-edited with Savyasaachi, 2014] *Social Movements: Transformative Shifts and Turning Points*, New Delhi: Routledge; [edited, 2012] *Education and the Reproduction of Capital: Neoliberal Knowledge and Counterstrategies*, New York: Palgrave Macmillan. He is Associate Editor of *Society and Culture in South Asia* (Sage). He co-edits the book series titled *Social Movements, Dissent and Transformative Action* (Routledge: Delhi) and *Conversations on/for South Asia* (Aakar Books: Delhi).

Contributors

Akshay Kumar has been a longtime activist-scholar who was associated with the Bharat Jan Vigyan Jatha's Lokshala programme. He has authored several books including *Shiksha ki Mukti ka Sawal, Shiksha Aur Samaajik Chetna, Shiksha ka Samaajikaran* and *Loktantra ka Janwadikaran*.

Anish Ankur is a theatre activist and a freelance journalist. He has been associated with the Progressive Writers' Association.

Arun Mishra is a social commentator who has been very active on issues pertaining to the downtrodden masses.

Navin Chandra was formerly on the faculty of the V.V. Giri National Labour Institute. He has published extensively on the agrarian question and on the political economy of labour relations. He is presently General Secretary of Kedar Das Institute of Labour and Social Studies.

Peter Hudis is a Professor of Humanities and Philosophy, Oakton Community College. His work in philosophy springs from engagement in social and political theory as well as with their sources in classical dialectic philosophy. His philosophical interests lie in nineteenth-century German Idealism (especially Kant and Hegel), Marx, Phenomenology, and contemporary Critical Theory. He is especially interested in the intersections between gender, race, and social justice, and in cultural and philosophic approaches to the phenomenon of globalization. He is currently General Editor of the planned -14volume *The Complete Works of Rosa Luxemburg*, an international project to publish the entire contribution of this remarkable social theorist and personality. The first volume, *The Letters of Rosa Luxemburg*, appeared in February 2011. Two more volumes have been published in the series. He previously co-edited *The Rosa Luxemburg Reader* and a book consisting of collected writings of Raya Dunayevskaya, a prominent American feminist philosopher. His other works include *Frantz Fanon: Philosopher of the Barricades* (2015).

Sobhanlal Datta Gupta retired from the University of Calcutta in 2008 as Surendra Nath Banerjee Professor of Political Science. His published works include *The State of Political Theory: Some Marxist Essays* (co-author, 1977), *Justice and the Political Order in India* (1978), *Comintern and the Destiny of Communism in India: 1919-1943. Dialectics of Real and a*

Possible History (2006; revised and enlarged edition, 2011), *A Documented History of the Communist Movement in India: Select Materials from Archives on Contemporary History*, Vol. I: 1917-1922, Vol. II: 1923-1925 (2007), *Marxism in Dark Times: Select Essays for the New Century* (2012), *The Socialist Vision and the Silenced Voices of Democracy*, Part I: Rosa Luxemburg (2015), Part II: *Nikolai Bukharin* (2019). He is a member of many international associations such as Member, Board of Correspondents International Newsletter of Communist Studies Online, Member, International Board of Advisors, Twentieth Century Communism Series (Lawrence & Wishart), Co-Chairman: International Rosa Luxemburg Society (Berlin). His primary area of interest is the intellectual history of Marxism.

Rosa Luxemburg Stiftung

The Rosa Luxemburg Stiftung (RLS) is a Germany-based foundation working in South Asia as in other parts of the world on the subjects of critical social analysis and civic education. It promotes a sovereign, socialist, secular and democratic social order, and aims to present alternative approaches to society and decision-makers. Research organisations, groups for self-emancipation and social activists are supported in their initiatives to develop models which have the potential to deliver greater social and economic justice.

ROSA
LUXEMBURG
STIFTUNG
SOUTH ASIA

Rosa Luxemburg Stiftung—South Asia
Centre for International Co-operation
C-15, 2nd Floor, Safdarjung Development Area (Market)
New Delhi 110 016, India

Tel.: + 91 (0)11 4920 4600